JN036934

職場を腐らせる人たち

片田珠美

講談社現代新書

2739

はじめに

　私は精神科医なので、自信をなくして不安になったり、イライラして眠れなくなったりした方を診察する機会が多い。その背後には、たいてい人間関係をめぐる悩みが潜んでいる。

　これまで七〇〇〇人以上を診察してきたが、最も多い悩みは職場の人間関係に関するもので、だいたい職場を腐らせる人がらみだ。

　具体例を挙げると、根性論を持ち込んだり、過大なノルマを押しつけたりする上司、あるいは何にでもケチをつける人や他人のせいにする人、不和の種をまく人や陰で足を引っ張る人などである。

　こういう人はどこにでもいる。そのせいで周囲に重苦しい雰囲気と沈滞ムードが漂い、不和やもめごとが絶えなくなる。結果的に、みな疲弊していき、心身に不調をきたす方も増える。

　なかには、仕事を続けることが困難になるほど深刻な状態に追い込まれる方もいて、まず内科や婦人科などの身体疾患を対象にしている診療科を受診する。ところが、検査の結果とくに異常が見つからない場合が多く、「ストレスではないか」と言われて、われわれ精神科医に紹介される。じっくり話を聞くと、職場を腐らせる人の言動に悩まされていることが少なくない。

また、私は企業や金融機関などで定期的にメンタルヘルスの相談に乗っているのだが、そこでも職場を腐らせる人に関する苦情をしばしば聞かされる。もっとも、当の本人は自分自身の言動が周囲に及ぼす影響について自覚していない場合がほとんどで、面談の際も「悩んでいることはありません」「何も問題はありません」といった答えが返ってくることが多い。これでは、みな頭を抱えるはずだと妙に納得する。

長年にわたる臨床経験から痛感するのは、職場を腐らせる人が一人でもいると、その影響が職場全体に広がることである。腐ったミカンが箱に一つでも入っていると、他のミカンも腐っていくのと同じ現象だ。

その最大の原因として、精神分析で「攻撃者との同一視」と呼ばれるメカニズムが働くことが挙げられる。これは、自分の胸中に不安や恐怖、怒りや無力感などをかき立てた人物の攻撃を模倣して、屈辱的な体験を乗り越えようとする防衛メカニズムである。

このメカニズムは、さまざまな場面で働く。たとえば、子どもの頃に親から虐待を受け、「あんな親にはなりたくない」と思っていたのに、自分が親になると、自分が受けたのと同様の虐待をわが子に加える。学校でいじめられていた子どもが、自分より弱い相手に対して同様のいじめを繰り返す。こうして虐待やいじめが連鎖していく。

似たようなことは職場でも起こる。上司からパワハラを受けた社員が、昇進したとたん、部下や後輩に対して同様のパワハラを繰り返す。あるいは、お局様《つぼねさま》から陰湿な嫌がらせを受けた女性社員が、今度は女性の新入社員に同様の嫌がらせをする。

こうしたパワハラや嫌がらせの連鎖を目にするたびに、「自分がされて嫌だったのなら、同じことを他人にしなければいいのに」と私は思う。だが、残念ながら、そういう理屈は通用しないようだ。

むしろ、「自分は理不尽な目に遭い、つらい思いをした」という被害者意識が強いほど、自分と同じような体験を他の誰かに味わわせようとする。これは主に二つの理由によると考えられる。まず、「自分もやられたのだから、やってもいい」と正当化する。また、自分がつらい思いをした体験を他の誰かに味わわせることによってしか、その体験を乗り越えられないのかもしれない。

いずれにせよ、職場を腐らせる人が一人でもいると、腐ったミカンと同様に職場全体に腐敗が広がっていく。だから、早めに気づいて対処する必要があるのだが、職場を腐らせる人は攻撃的な意図を必ずしも丸出しにするわけではなく、ときには攻撃の気配さえ押し殺して、巧妙に仕掛けてくる。そのため、なかなか気づけない。

いや、それどころか、こちらが「おかしいのは自分のほうではないか」「問題があるのは自分のほうではないか」などと思い込まされてしまう場合さえある。その結果、気がついたときには、大切なものをすべて失っていたという事態になりかねない。

それを防ぐには、まず何よりも目の前のあの人が職場を腐らせる人だと気づくことが必要だ。気づかないでいると、職場を腐らせる人が秘めている悪意によって取り返しがつかなくなるかもしれないので、その正体に読者の方が一刻も早く気づいて、自分の身を守れるようになることを願いつつ、本書を執筆した。

まず、第1章では、職場を腐らせる人のイメージを読者の方につかんでいただくために、具体例を紹介し、その精神構造と思考回路を分析する。「根性論を持ち込む上司」や「言われたことしかしない若手社員」、「完璧主義で細かすぎる人」や「相手によって態度を変える人」など、15の事例はそれぞれ独立しているので、どこから読み始めてくださっても構わない。

次に第2章では、職場を腐らせる人を変えるのが非常に難しい理由を説明する。なぜそうした人が自己正当化に終始するのか、現在の日本社会に潜む構造的要因についても深く掘り下げる。

最後に第3章では、職場を腐らせる人を変えるのが至難の業だということを踏まえたうえで、どう対処すべきかについて解説する。

職場を腐らせる人の被害に遭ってボロボロになりたくなければ、是非お読みください。

なお、本書に登場する事例は、実際にあったケースをもとに個人が特定されないよう再構成をしており、特定のケースと直接の関係はない。

目次

はじめに　3

第1章　職場を腐らせる人たち　13

事例1　根性論を持ち込む上司　14
事例2　過大なノルマを部下に押しつける上司　21
事例3　言われたことしかしない若手社員　28
事例4　完璧主義で細かすぎる人　35
事例5　あれこれケチをつける人　44
事例6　八つ当たり屋　51
事例7　特定の部署にこだわる人　58
事例8　いつも相手を見下す人　65
事例9　相手によって態度を変える人　73

事例10　他人のせいにする人　80
事例11　不和の種をまく人　88
事例12　他人の秘密を平気でばらす人　95
事例13　その場にいない人の悪口を言う上司　105
事例14　陰で足を引っ張る人　112
事例15　ストーカー化する人　120

第2章　なぜ職場を腐らせる人は変わらないのか―――131

①たいてい自己保身がからんでいる　132
②根底に喪失不安が潜んでいる　134
③合理的思考ではなく感情に突き動かされている　138
④自分が悪いとは思わない　140
一番厄介な「ゲミュートローゼ（Gemütlose）」　142
背景にある構造的要因　144

①平等幻想　145
②渦巻く不満と怒り　148
③「自己愛過剰社会」　151

第3章　腐る職場でどう生きるか

157
まず気づく　158
①重苦しい雰囲気
②不和やもめごと
③心身の不調の増加
④沈滞ムード
⑤疲弊
見きわめる――自己保身か、悪意か、病気か　163
ターゲットにされやすいのは弱くておとなしい人　166
断れない三つの理由　168

ターゲットにされやすい人のその他の特徴　171
①他人の話を真に受ける
②経験不足
③何となくおかしいという直感に蓋
④他人を喜ばせたい願望が強い
⑤自信がない
⑥他力本願
⑦波風を立てたくない
⑧孤立している
ターゲットにされないために　175
断る練習――「部分交渉」から始めよう　176
意地悪なまなざし　178
できるだけ避ける　180
ときにはやり返すことも必要　181

おわりに 184
参考文献 187

第1章　職場を腐らせる人たち

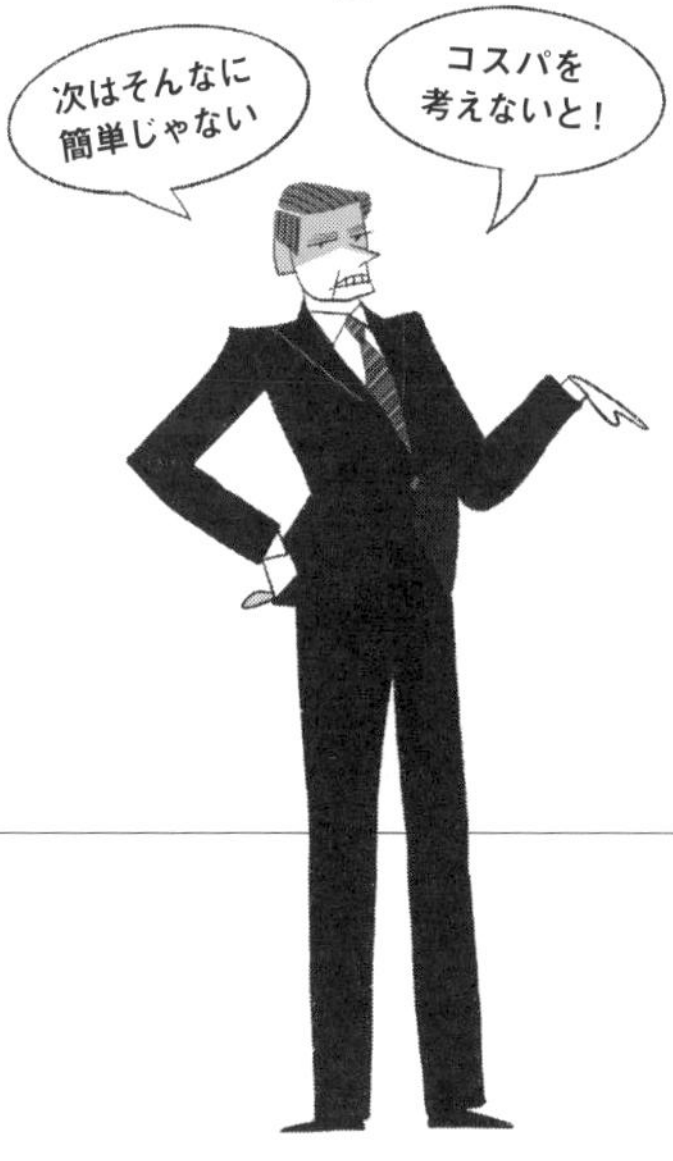
コスパを考えないと！
次はそんなに簡単じゃない

事例1　根性論を持ち込む上司

食品会社で営業部長を務める50代の男性は、「営業で大切なのは気合と根性」と日々力説し、何軒訪問したか、何人に電話したかを毎日報告させ、少ないと「気合が足らん」と激高する。しかも、自分が若い頃気合と根性で営業成績をあげた話を何度も繰り返す。残業を暗に強要し、定時に退社した社員がいると翌日デスクを廊下に出したこともある。

気合と根性を力説する上司の根底に潜む現実否認

この部長のような営業職に多いのが、体育会系の根性論を仕事にも持ち込むタイプだ。「ノルマが達成できないのは気合も努力も足りないからだ」「根性さえあれば絶対にできるはずだ」などと力説し、現実的に無理な目標を達成させようとしたり、計画不足を根性論で無理やり何とかしようとしたりする。

こういうタイプは、自分がやって成功した手法は、他人がやってもうまくいくはずと考えがちで、部下に対して過干渉になりやすいように見受けられる。景気がよく、押せ押せが通用した時代なら有効だったかもしれないが、日本経済全体が停滞し、可処分所得も減少している現在、このような手法が通用するとは到底思えない。

もちろん、気合と根性という決まり文句で部下を鼓舞すれば業績があがるのなら、それに越したことはない。しかし、それが幻想にすぎないことに誰もが気づき始めている。にもかかわらず、気合と根性をことさら強調するのは、目の前の現実から目をそむけたいからだろう。

根性論を持ち込む上司は「みんながやる気を出せば、すべてがうまくいく」と考えがちだが、こうした思考回路の根底にはしばしば「～だったらいいのに」という願望と現実を混同する傾向が潜んでいる。「すべてがうまくいけばいいのに」という願望と「すべてがうまくいく」という現実を混同するわけで、これを精神医学では「幻想的願望充足」と呼ぶ。この「幻想的願望充足」は子どもに認められることが多いが、成長するにつれて否が応でも目の前の現実と向き合わざるを得なくなると、次第に影を潜める。

ところが、なかには大人になっても「幻想的願望充足」を引きずっている人がいる。これは、目の前の現実を受け入れられず、直視したくないため、つまり現実否認の傾向が強いためと考えられる。

現実否認の傾向が強いほど、自分が若い頃気合と根性で営業成績をあげた過去の栄光をしきりに持ち出す。この部長も、「あの頃俺はすごかった」「自分が○○の契約を取ったときは……」などと過去の栄光を自慢するそうだが、裏返せば、目の前の現状を直視したくないからだろう。

「バカの一つ覚え」になりやすい理由

もしかしたら、自分の考えや指示などを言葉にして伝える「言語化能力」が十分ではないので、「バカの一つ覚え」のように同じことを何度も繰り返すのかもしれない。部長にまで出世しているのに、まさかそんなはずはないと思う方が多いに違いない。

だが、昇進が必ずしも本人の能力と比例関係にあるわけではないことに誰でも薄々気づいているはずだ。若い頃に気合と根性だけで成果を出し、上司へのゴマすりによって昇進してきた人のなかには、「言語化能力」が必ずしも十分とはいえないタイプがいる。そのせいで本人がコミュニケーション不足を感じ、「上司として何か言わなければ恰好《かっこう》がつかない」と焦った結果、根性論に終始してしまう場合もある。その可能性も念頭に置いておくべきだろう。

もっと辛辣な見方をすれば、業績をあげるためのアイデアがなく、どうすればいいのかわからないので、気合と根性の必要性を「バカの一つ覚え」で繰り返すしかないともいえる。

気合と根性でのし上がってきたタイプに多いのだが、自分ではあまり勉強しない。上司や先輩から指示されたことを人一倍熱心に実行し、それが実績につながった場合が少なくなく、自分でセミナーに参加したり、本を読んだりして研究することはあまりない。

それでも、上からの指示を従順に実行していればいいうちは何とかやっていける。いや、むしろ上に逆らわず、余計なことをしないので、それが評価され、出世する人もまれではない。

ところが、自身が上司の立場になり、業績をあげるためにはどうすればいいかを自分の頭で考えなければならなくなると、とたんに行き詰まる。どうしてもアイデアが思い浮かばないからだ。だからこそ、自分の成功の原動力になった気合と根性の必要性を繰り返すしかなくなる。

「軽躁状態（hypomanic state）」の可能性も

目の前の現実を直視したくないと、「マニック・ディフェンス（manic defense）」によって「軽躁状態（hypomanic state）」になることもありうる。

マニック・ディフェンスは防衛機制の一つであり、「躁的防衛」と訳される。困難な事態に直面したとき、気分を高揚させて元気を出し、活動性を高めることによって乗り越えようとするメカニズムを指す。

たとえば、愛する人を亡くすという大きな喪失体験に直面し、打ちのめされているにもかかわらず、通夜や葬式の場で「大丈夫、大丈夫」と妙に元気にふるまい、活発に動き回る人がいる。精神医学では「葬式躁病」と呼ばれており、こういう人はその後ドーンと落ち込むことが多い。

あるいは、多額の借金を抱えてにっちもさっちもいかなくなっているにもかかわらず、借金を減らすための現実的な対処はせず、「金くらい何とかなる」と豪語し、毎晩飲み歩いてカードで支払う人も、マニック・ディフェンスに陥っていると考えられる。

気合と根性の必要性をしきりに力説する上司の場合も、実は気分を高揚させて難局を乗り切ろうとする防衛機制が知らず知らずのうちに働いているのではないか。こういう上司は、部下への叱咤激励や自慢話で多弁になることも、電話をかけまくったり取引先に頻繁に行ったりして多動になることもある。このような多弁・多動は、じっとしていられず、過活動の状態になった結果にほかならず、マニック・ディフェンスの可能性が高い。

もっとも、マニック・ディフェンスは、必ずしも病的とはいえない。というのも、これは一種の現実逃避であり、誰でも多かれ少なかれ用いる防衛手段だからだ。困難な事態、とくに大切な対象を失う喪失体験に直面すると、とりあえず目の前の現実から目をそむけながら、自分が受けるダメージをできるだけ和らげようとする。当然、せわしなく動き回ることによって何とかしようとする防衛手段に知らず知らずのうちに頼ってしまうことは誰にでもある。

ただ、マニック・ディフェンスの結果、軽躁状態になっていると、事態は深刻だ。軽躁状態は文字通り軽い躁状態であり、本人も周囲もそれほど困らない。むしろ、本人としては調子がよく、仕事も家事もどんどんはかどるので、本人も周囲も軽躁状態を病的な状態と認識することはまずない。つまり、自分が病気であるという自覚、「病識」を持ちにくい状態なのだが、その分暴走しやすいともいえる。

どうすれば現実を見てもらえるかは難問

自覚がない人を変えるのは至難の業だ。われわれが変わらなければならないと自分で思うのは、何らかの不具合や問題が生じていると自覚したときだけである。その自覚がないと、わざわざ変わろうと思うわけがない。とくに年齢を重ねるほど、変化を嫌がるようになるし、自分を変えるのも億劫《おっくう》になる。

しかも、マニック・ディフェンスによって軽躁状態になりやすいのは、目の前の現実を直視したくなくて現実から逃避しがちな人である。だから、自分の現在の状態をきちんと見つめて把握し、気分が高揚しすぎて多弁・多動になっていると自覚することなど到底できない。

その結果、不正行為に手を染める上司もいる。某保険会社で、日々部下を叱咤激励し、自分も営業電話をかけまくり、気合と根性の重要性を延々と説いていた50代の営業部長が運転免許証や保険証などの本人確認書類を偽造して、保険契約を捏造《ねつぞう》していたことが発覚した。顧客に経済的損害を与えたわけではないが、実体のない保険契約を結んで、部下が実績をあげているように見せかけていたのだ。

この部長は、自分の部署がなかなか契約を取れないという現実を受け入れられなかったのだろう。もしかしたら、実績をあげられないと自分のポジションを失うのではないかと喪失不安にさいなまれていたのかもしれない。そこで、マニック・ディフェンスによって乗り越えようとしたものの、気分の高揚と活動性の亢進によって、やりすぎともいえる不正行為にまで手を染めてしまったわけである。こうした上司には、たとえ見たくない現実であっても目を向けるようにしてもらうしかない。少しでも現状を認識してもらうために、できるだけ具体的な数字や根拠を提示し、「業界全体を見ても、こうなっている」「数字が落ちているのは長期的な傾向」などと一般的かつ客観的な意見として伝えるべきだ。「あなたのやり方は現実的ではない」「あなたは現実を見ていない」などと口が裂けても言ってはいけない。

事例2　過大なノルマを部下に押しつける上司

保険会社の40代の男性上司は、部下を別室に呼びつけて「君の将来を思って言うんだが……」という枕詞《まくらことば》を吐いた後、過大なノルマを押しつける。この上司は、現状を見れば達成できるとは到底思えない数字を示し、「これだけの契約を取ってくれれば、上からの君の評価はうなぎ登りで、賞与にも反映されるし、今後も安泰《あんたい》。昇進できるし、給料も上がる。本当に君のためになるんだぞ」と熱っぽく言うそうだ。

ノルマを達成できないと実績報告書を提出

この上司が示すノルマは、まっとうな営業活動だけでは達成が無理そうな数字なので、部下の多くは家族や親戚、友人や知人などに保険への加入を懇願するらしい。とはいえ、どうしても限界がある。周囲の人に一通り保険に入ってもらったら、それ以上は頼みにくい。それでも、ノルマがあるからと、保険への加入をさらに懇願していたら、関係悪化につながりかねない。実際、周囲との関係が気まずくなったり、疎遠になったりした部下もいるようだ。

そういう事態を避けるためか、なかには保険料を肩代わりしている部下もいるらしく、経済的な自己犠牲を伴う営業、いわゆる「自爆」営業によって取れた契約がかなりの割合を占めているのが実態だという。

20代の女性社員もその一人で、家族や友人などに頼み込んで保険に入ってもらったものの、後が続かず、結局「自爆」営業に手を染めなければならなくなった。そのせいで、毎月かなりの額の保険料を自分で負担しなければならず、保険料を払うために働いているような感じさえして、この先やっていけるのかと不安を覚えずにはいられなかった。

そこまでやっても、ノルマ未達の状態が何ヵ月か続いた後、上司から「毎日午後5時に翌日やることをメールで報告し、それがどこまでできたかという進捗《しんちょく》状況を当日退社する前にメールで報告しろ」と命じられた。この女性は、自分が一挙手一投足を監視されているみたいに感じた。しかも、進捗状況を見た上司から「あれもできてない。これもできてない」と責めるメールが毎日のように送りつけられてきて、出勤して上司と顔を合わせるたびに激しい動悸がするようになった。

それだけではない。あるとき、毎週月曜日の朝出勤したら、前の週の実績報告書を上司のデスクまで持ってくるよう指示された。最初の実績報告書を提出したところ、別室に呼び出され、「契約をなかなか取れない理由について話し合おう」と言われた。もっとも、実際には話し合いとはほど遠く、「なんでできないんだ」「毎日何をしているんだ」と1時間以上膝詰めで詰問《きつもん》された。

あげくの果てに、上司は「これまで契約が取れた顧客に別の保険への加入を勧めてはどうか。それくらいしか君がノルマを達成できる方法はないだろう。君のためにその候補リストを作っておいたから」と言って、保険の積み増しを依頼する顧客のリストを手渡した。

それを見て、この女性は愕然《がくぜん》としたという。これ以上保険への加入を懇願しても、断られそうな相手ばかりだったからだ。それでも、実績をあげるために頼み込んで形だけでも保険に入ってもらうことができないわけではなかったが、この手段は必然的に彼女の経済的な自己犠牲を伴う。月々の保険料の負担がさらに増えるのかと思うと、暗澹《あんたん》たる気持ちになり、頭が痛くなった。そのせいで思考力も集中力も低下し、まともに営業活動をすることができず、実績報告書に記入できるような成果を一切あげられなかった。

翌週の月曜日の朝、この女性は一応出勤したものの、頭が真っ白になり、吐き気を覚えてトイレに駆け込んだ。とても勤務できる状態ではなかったので、実績報告書を提出できないまま早退した。

吐き気の原因を調べるために内科と産婦人科で検査を受けたものの、異常はとくに認められず、妊娠もしていなかった。そのため、紹介されて私の外来を受診し、「適応障害」の診断書を提出して休職することになった。

離職率が高いことは想定内

この女性としては退職することも考えているという。実際、この会社の離職率はかなり高く、その背景には、ノルマを達成するために「自爆」営業に手を染めても、結局いつまでも続かないことがあるらしい。上司も「自爆」の実態を薄々知りつつ容認しているのか、やがて限界がきて辞めていく部下が一定の割合で存在することは、想定内のようだ。

こんなことが可能なのは、見せかけの給与が割と高いためか、求人広告を出せば、いくらでも入社希望者が集まってくるからだという。もっとも、給与が高そうに見えるとはいっても、基本給は低く、歩合給が高いので、契約を取れない人は稼げない仕組みになっている。だから、稼ぎたいと思えばノルマを達成するしかないのだが、そのために「自爆」営業をしていたら、手元にはそれほど残らないことになる。

こうした仕組みは正当なのか、少なくとも雇われている自分たちにとっては損なのではないかという疑問を、この女性は休職してしばらく職場を離れてから初めて抱いたそうだ。

それまでは、「ノルマを達成するためにはどんなことでもする覚悟が必要だぞ」と上司から言われ続けていたうえ、ノルマを達成した同僚がほめられ持ち上げられる雰囲気にのまれて、彼女自身もがむしゃらに頑張ってきたからだろう。

会社の仕組みも上司のノルマ至上主義も何となくおかしいと感じ始めてから、退職者の一人の女性に連絡を取って話を聞いた。すると、彼女も「自爆」営業が限界にきて辞めていたことがわかった。

「あの上司は部下を使い捨てにするだけ。周りの人に一通り保険に入ってもらったら、辞めてもらって構わないと思っているんだから。以前は女性社員に枕営業をほのめかすようなことを平気で言っていたそうだから、あれでもマシになったのよ」と聞かされ、恐怖すら覚えたという。

ただ、退職後も、他人の保険料を払い続けるのは嫌だった。だから、どうすればいいのか尋ねると、「解約すればいいだけの話」という答えが返ってきた。解約の際に多少損することになるかもしれないが、現在の会社に勤めている限り心身の不調が続きそうなので、辞める決心がつき、転職サイトに登録した。

上司の自己保身の裏に潜む転落への恐怖と喪失不安

過大なノルマを押しつけられた部下が「自爆」営業に手を染めざるを得なくなり、それに限界がきて退職することが続いたら、退職に伴う保険の解約件数も相当な数にのぼるに違いない。上司にとってはそれも想定内なのだろうかという疑問が湧くが、ある程度は想定しているのではないか。たとえ、後で解約される事態になっても、とにかく自分の部署が保険の契約をたくさん取り、稼いでいるように見せかけることができれば、それでよかったのだと思う。

その根底には、上司の強い承認欲求が潜んでいるように見える。何としても実績をあげて、上層部から認められ、昇進したいという執念のようなものさえ感じる。そのためには、それこそどんなことでもするという姿勢であり、部下に過大なノルマを押しつけ、それを達成できるようにあの手この手で誘導する。

巧妙なのは、決して暴言を吐くわけではなく、「君の将来を思って」「君のため」といった言葉を頻用し、あくまでも部下のためを思っているかのようなふりをすることだ。これは、万一部下からパワハラで告発されるような事態になれば、昇進どころか、降格さらには解雇の憂き目に遭いかねないので、用心しているからだろう。

常に自己保身のための計算が働いているわけで、部下がノルマを達成できるように保険の積み増しを依頼する顧客のリストまで上司が自分で作成する〝親切ぶり〟を示すのも、同じ理由に違いない。

この上司のような自己保身の塊は、部下が「自爆」営業に手を染めようが、心身に不調をきたそうが、知ったことじゃないという姿勢になりがちである。これは、現在の地位から転がり落ちるのではないかという転落への恐怖、そして肩書や収入など、自分にとって大切なものを失うことへの不安、つまり喪失不安が強いせいかもしれない。

その裏に、上司自身が上層部から課せられている厳しいノルマがあることも少なくない。ノルマ未達だと降格や左遷、場合によっては失職という事態に直面するのではないかと不安にさいなまれているからこそ、駆り立てられるように部下に過大なノルマを押しつけるとも考えられる。

しかも、こういう不安をかき立てるようなことが実際に行われている会社もある。ノルマ未達だと、出世コースから外されたり給与を下げられたりすることがあり、そのうえ上層部から「そうならないように頑張れよ」と〝脅し〟まがいの励ましの言葉をかけられたと打ち明けた元管理職もいる。このような会社にいると、上司が部下に過大なノルマを押しつけたくなる気持ちもわからなくはない。

上司が過大なノルマを押しつけた結果、不祥事で揺らいだ事例は、東芝の粉飾決算、日本郵政グループによる「かんぽの不正販売」、JAの共済事業における「自爆」営業など、枚挙にいとまがない（『農協の闇』）。メディアで盛んに取り上げられ、散々叩かれた他社を見ても、過大なノルマの押しつけをなかなかやめられないのは、上司自身が転落への恐怖と喪失不安にさいなまれているからだろう。しかも、そうした不安をかき立てるような構造に組織全体がなっているのではないだろうか。

事例3　言われたことしかしない若手社員

最近どこの職場でも増えているのが、上司や先輩から言われたことしかしない若手社員である。典型的な指示待ちタイプで、指示されなければ何もせず、ぼうっとしている。先輩や同僚が忙しそうにしていても、手伝わない。上司から「少し手伝ったらどうか」と諭されても、「自分の仕事はちゃんとやっています」「指示がなかったので、僕の仕事だと思いませんでした」などと答え、定時で帰る。

「僕の仕事ではありませんから」と言って、手伝わない

指示待ちタイプというだけならまだしも対処のしようがあるが、なかには持論を繰り返し、自己正当化に終始する若手社員もいる。たとえば、ＩＴ系企業に勤務する20代の男性社員は、結果さえ出していれば協調性なんて要らないと思っているのか、大量の仕事を抱えた同僚が忙しそうにしていて困っていても、手伝おうとしない。上司が手伝うよう促しても、「僕の仕事ではありませんから」と言って、協力しない。

上司が「君が困ったら助けてもらうかもしれないのだから、お互い様だと思って、協力するのが同じ課の仲間だろう」と諭しても、「僕、ちゃんと結果出していますよね？　僕、何かおかしなこと言っていますか？　そもそも、これは僕がやるべき仕事ですか？」と頑《かたく》なに手伝おうとしない。それどころか、「できない奴の仕事を手伝っていたら、自分の仕事ができないじゃないですか。結局、優秀で真面目な人間にしわ寄せがくるじゃないですか。そんなの真っ平ごめんです」と怒り出す。

たしかに、この部下が業績をあげているのは事実なので、上司としては反論しにくいという。しかも、名門大学を優秀な成績で卒業しており、将来の幹部候補として一部の役員から目をかけられているようだ。そのため、「自分は特別だから多少のことは許される」という特権意識を抱くようになったのかもしれない。

こういうタイプは、上司からすれば扱いづらいだろう。そのせいか、直属の上司は「厳しく注意したら、パワハラで告発されたり役員に言いつけられたりするかもしれない。かといって、このままにはしておけないし、一体どう対応すればいいのか」と思い悩んで、私に相談した。

〝働き損〟は嫌

同様の悩みを抱えている管理職は多そうだが、そもそも、現在20代の若者、いわゆるZ世代には指示待ちタイプが多い。これは、教育によるところが大きいように見受けられる。

まず、少子化の影響もあって、親や教師が子どもを大切にし、すべてお膳立てしてくれる環境で育ってきた。このような環境では、子どもが傷つくことも転ぶことも防ぐべく、周囲の大人は危険物を極力取り除き、危ないことは一切させないように配慮する。だから、子どもが自発的に何かをやる機会はどうしても限られる。せっかく子どもが自分から「～したい」という意思表示をしても、大人に「危ないからダメ」と却下されることもあるはずだ。必然的に受け身になりやすく、自主性も育ちにくい。

また、試験では、あらかじめ正解が決まっていて、それに沿った答えを答案用紙に書くほど点数が高くなる。教師からの評価も、指示されたことをきちんと実行するほうが上がる。指示されていないのに、自分の頭で考えて余計なことをすると教師からの評価が下がることさえある。そのため、指示されたことだけをきちんとやるほうがいいと子どもの頃から経験的に学習しつつ成長していく。当然、周囲の仕事の進捗状況を見ながら、気を利かせて、必要であれば同僚を手伝うような柔軟性はなかなか身につかない。

それに拍車をかけているように見えるのが高い〝コスパ〟意識である。最近の若者は、コストパフォーマンスに敏感で、「コスパが悪いから」という理由で恋愛にも結婚にも消極的になっていると聞く。

しかも、時間対効果を意味する〝タイムパフォーマンス〟、略して〝タイパ〟なる言葉も登場した。この言葉に如実に表れているのは、自分がかけた時間に対してどれだけの見返りがあるか、どれだけ満足を得られるかを重視する姿勢だろう。

このように効率のいい時間の活用を何よりも重視し、時間の浪費をできるだけなくそうとする若者が、同僚の仕事を手伝わないと聞いても、あまり驚かない。むしろ、当然のように思われる。

おまけに、頑張っても報われないとか、頑張るだけ無駄とか思い込んでいる若者も少なくない。こうした思い込みの背景には日本経済の低迷もあるように見える。Z世代が生まれた1990年代後半以降、日本経済はほとんど成長できないまま停滞しており、会社という組織の理不尽に耐えた〝見返り〟ともいえる終身雇用や年功序列の制度を維持するのが困難になった。この情勢を目の当たりにして育った彼らが「辛抱して頑張っても、理不尽に耐えても報われない」と思い込むようになったとしても不思議ではない。

そのうえ、現在の勤務先への帰属意識が希薄になったことも大きい。昭和の時代であれば定年まで同じ会社で働くのが当たり前だったが、昨今は必ずしもそうではなくなった。それと軌を一にして、離職や転職に対して抵抗感をあまり覚えない人も増えたように見える。当然「どうせ定年までいるわけではないので上司の指示に従う必要はない。我慢して嫌な仕事を引き受ける必要もない」という認識が生まれやすい。

その裏には、たとえ自分が無理して頑張っても、会社の倒産やリストラに直面する可能性だってあり、そうなれば〝働き損〟になりかねないが、そんなのは嫌だという心理が潜んでいるのではないか。

このような心理はわからなくもない。名だたる大企業でも不祥事で迷走しているし、これまでは業績がよかった企業でも早期退職を募集している御時世である。そういう現状を見ると、誰だって不安になるので、自分が仕事で費やす時間にどれだけの見返りがあるのか、よりシビアに計算しようとするのは当然の反応ともいえる。

おそらく、現在の職場に将来性がそれほどないと判断すれば、早々に見切りをつけるだろう。在職中にスキルアップし、できれば資格も取得して、より有利な条件で転職したいというのが本音に違いない。そのためには時間を有効に使わなければならないので、他人の仕事を手伝うなんて論外なのかもしれない。

幻想的万能感の肥大

もっとも、スキルアップするにしても、まずは仕事を覚える必要があるはずだが、それさえも拒否するような新入社員がいるという。製造業のある会社では、新入社員の男性が、上司から指示された仕事であっても、「教えてもらっていないので、できません」「これは横で見ていただけなので、できません」などと断るそうだ。

仕方がないので、簡単な事務作業をするよう上司が指示すると「こんな仕事を僕にさせるなんて、僕の能力の無駄遣いです。もっと僕の能力を発揮できる仕事をさせてください」と要求する。そのため、どんな仕事をさせればいいのか会社では苦慮しているらしい。

この男性は、自分自身の能力を過大評価している可能性が高い。だが、実際には、自分で思っているほど仕事ができるわけではない。だからこそ、いろいろ理由をつけて仕事を断るのではないか。こういうタイプは、強い自己愛ゆえに自分は何でもできるという幻想的万能感を抱いていることが多い。仕事ができないという現実に直面すれば自己愛が傷つきかねないが、そうなるのは嫌なので、前もって断るわけだ。

このように幻想的万能感を抱いているせいで周囲に迷惑をかける若者はどこにでもいる。たとえば、ある金融機関では、知ったかぶりをして、質問しないため、重大なミスをする男性の新入社員に上司が手を焼いている。この新入社員は、一流大学を優秀な成績で卒業しており、仕事にも熱心に取り組んでいる。ただ、「質問するのはできない社員の証《あかし》」と思い込んでいるのか、わからないことがあっても質問せず、自分の判断で仕事を進めて重大なミスをし、しばしば周りを巻き込む。

ときには取引先にまで迷惑をかけるため、上司が謝罪に行かなければならない。にもかかわらず、当の本人は、自己判断で勝手に進めたことが招いた事態の深刻さをきちんと認識していないようだ。

「わからないことがあったら、質問するように」と上司から注意されると、「はい、わかりました」と素直に答えるのだが、やはり自己判断で仕事を進めて重大なミスを繰り返す。その尻ぬぐいを彼だけでできるわけではなく、結局上司や先輩が後始末をさせられることになる。そのため、上司が「わからないことがあったら質問するようにと言っただろうが」と詰問すると、「聞いていません」と答える。上司はたしかにそう言ったはずだし、たとえ聞いていなかったとしても、わからないことがあったら質問するのは当たり前だと上司としては思うのだが、そういう理屈はこの新入社員には通じない。

この新入社員も、強い自己愛ゆえに、自分は何でもできるという幻想的万能感を抱いている可能性が高い。こういうタイプは、自分にわからないことがあるという事実自体を認めようとしない。いや、むしろ認めたくないので、質問などせず、自分の判断で進めてしまう。その結果、取引先にまで迷惑をかける事態を招いて、上司から叱責されても、知らぬ存ぜぬで通そうとする。自分の責任を認めれば、自己愛が傷つくので、それを避けるために責任転嫁して「自分は悪くない」と主張するわけである。

事例4　完璧主義で細かすぎる人

某金融機関の男性支店長は何かにつけ細かいので、部下は閉口しているそうだ。たとえば、店内に落ちていた1円玉を部下に命じて警察に届けさせたことがある。「金融機関なんだからお金に関して間違いがあってはならない。後からお客様が、1円玉が落ちてなかったかと捜しにいらっしゃったら、どうするんだ」というのが、その理由らしいのだが、そんな客って実際にいるんだろうかと首を傾げずにはいられなかった。

「巻き込み型」の支店長

たしかに「一円を笑う者は一円に泣く」という言葉もあるので、1円だっておろそかにはできない。しかし、いい年をしたスーツ姿の行員が1円玉を届けに来たとき、警官も面食らったのではないか。おまけに、3ヵ月経っても、持ち主が名乗り出なかったので、わざわざ受け取りに行ったと聞いて、私は吹き出した。

この話をしてくれた男性行員は、その支店に勤めていて、毎日支店長から細かく注意されたり叱責されたりして、眠れなくなったということで、私の外来を受診した。支店長がどれだけ細かいかを示すエピソードとして話してくれたわけだ。

この行員は、ハンコがちょっと斜めについてあっただけで、支店長から30分以上ガミガミ言われたり、付箋を貼る位置がちょっとずれていただけで、付箋の貼り方について1時間以上も説教されたりして、疲れ果てていた。他の行員も困っているようだが、支店長は間違ったことを言っているわけではなく、反論しにくいという。

もっとも、あまりにも細かいことを指摘されて、そのチェックに時間がかかるせいで、作業能率が上がらず、この支店の業績は落ちているらしい。その結果、支店長の機嫌が悪くなり、一層口うるさく注意するので、部下が畏縮《いしゅく》して、作業能率がさらに低下するという悪循環に陥っているようだ。

支店長の細かさを象徴する次のようなエピソードもある。いつもはあまり使っていない応接室で、他の支店の管理職を招いて会議を行い、無事に終わって、くつろいでいたところ、壁のカレンダーが1枚めくられておらず、前月のままだったのを支店長が目ざとく見つけて激怒した。その怒り方が半端ではなく、延々と続いたので、部下はみな唖然《あぜん》としたそうだ。

たしかに、カレンダーを1枚めくり忘れていたのは落ち度だが、ちょっと注意すればすむことだ。しかも、普段は使っていない応接室なのだから、仕方がないだろう。他の支店の管理職だって、壁のカレンダーなど気にしていないはずだ。

にもかかわらず、この支店長は延々と説教して行員を辟易《へきえき》させたわけで、これは完璧主義の弊害のように見える。この支店長は完璧主義者で、何事も100点満点でないと気がすまず、周囲から「几帳面」「仕事が丁寧」などと評価され、ほめられることが多く、ずっとそれでいいと思ってきたのだろう。

若い頃は、完璧を期すために自分が納得するまでやり、その確認作業にかなりの時間を費やしても、「自己完結型」だったので、それほど迷惑をかけることもなく、周囲からも許されてきたのかもしれない。しかも、その結果出世したという成功体験もあったので、支店長になってからも同じやり方を続け、周囲にも完璧を求めるあまり、少しでも手落ちがあると怒り出すと考えられる。

これは困った事態を招く。なぜかといえば、自身の完璧主義を貫き、100点満点を追求しようとするあまり、部下を巻き込む「巻き込み型」になっているからだ。そのせいで部下は息苦しさを感じ、畏縮してしまう。第一、少しでも間違いがあったら怒られるという恐怖から綿密に確認することに時間を取られて、肝心の仕事が円滑に進まなくなる。場合によっては、細かいことにこだわりすぎて、大きな問題が見えなくなりかねない。

実際、支店長の完璧主義ゆえのこだわりのせいで、肝心の融資業務に支障をきたしているようだ。というのも、支店長は、かつて本店に勤務していたのが自慢の種らしく、ちょっとしたことでも「本店に電話して確認しろ」と指示するので、行員は怒られないように電話するのだが、それに時間を取られるからだ。

ところが、ある課長が研修で本店に行ったところ、本店勤務の同期から「おたくの支店は、すごく細かいことで本店に頻繁に電話してくるので、本店で話題になっている。あの支店長は、本店にいた頃も、細かいことばかり気にして、そのたびに確認しては業務を停滞させるので有名だった。だから、支店長といっても、小さな支店で定年前の上がりのポスト」と言われた。この話は瞬く間に広がり、私の外来に通院していた行員は、「支店長が定年退職するまでの辛抱」と自分に言い聞かせながら頑張ることにした。その結果、睡眠導入剤を服用しなくても眠れるようになった。

確認癖の根底に潜む不安

こうした確認癖は伝染するのか、この支店に新卒で入った20代の女性行員は、半年経っても1年経っても、周囲の先輩に「これでいいんですよね」と確認し、何か問題を指摘されるたびに「○○さんが『これでいい』と言ったんです」と責任転嫁するらしい。そのため、この女性から質問されたり、確認を求められたりすると、顔をそむけて聞こえなかったふりをする先輩もいるほどだという。

この女性は、入行直後に些細なミスを支店長にとがめられ、1時間以上こっぴどく叱責されたことがあるそうだ。だから、「またミスをしたら怒られるのではないか」という不安が強すぎるあまり過度の確認を繰り返すのかもしれない。

何度も確認せずにはいられず、そのたびに周囲を巻き込んで辟易させるという点では、彼女もまた支店長と同様に「巻き込み型」になっているといえる。支店長も、実は「何か間違いがあったら、本店から怒られるのではないか」という不安が強く、それを払拭《ふっしょく》せずにはいられないので、部下に命じて本店に電話で確認させるのではないかと疑いたくなる。

一般に、確認せずにはいられない人の胸中には強い不安が潜んでいることが少なくない。

たとえば、知り合いの新人男性医師は、名門国立大学を卒業し、大学病院の外科に入局して働き始めたのだが、手術の際の消毒を何回やってもちゃんと滅菌《めっきん》できているか確認しないと気がすまず、ときには1時間以上経っても延々と消毒し続けていた。そのため、教授が手術を始められず、激怒した。

この新人医師にも言い分はあった。「完全に消毒して無菌状態にしないと、感染症を起こすかもしれない。100％無菌状態になっているのか不安だった」らしい。この不安は、支店長や新人行員の確認癖の根底に潜む不安と同種のものだと思われる。

「完全に無菌状態にしておかないと教授に怒られるのではないか」という不安が強く、それを払拭するために1時間以上も消毒し続けたのだろうが、かえって教授を激怒させる結果を招いたのである。

他人と一緒の職場で「自己完結型」ではやり通せない

実に皮肉な話だが、確認せずにはいられない人は、自分が迷惑をかけているとは夢にも思わない。この医師も、むしろ自分は正しいことをやろうとしただけという認識だったようで、なぜ自分が怒られたのか納得できず、病院に出勤できなくなった。そのため、外科の教授が精神科の教授に相談して、診察を受けさせた。

すると、「強迫性障害」という診断が下された。「強迫性障害」とは、何回手を洗っても黴菌《ばいきん》や汚れが完全に落ちたとは思えず、長時間手を洗い続ける「手洗い強迫」、あるいは何度確認しても大丈夫という確信を持てず、戸締まり、ガスの元栓、コンセントなどを長時間確認し続ける「確認強迫」などの症状が認められる精神疾患である。こうした一連の症状を、精神医学では「強迫行為」と呼ぶ。

この医師は、何度消毒しても１００％大丈夫という確信を持てず、長時間消毒し続けたわけだから、明らかに「強迫行為」が認められる。しかも、そのせいで周囲と軋轢《あつれき》が生じているので、過剰なほどの確認癖が認められる支店長や新人行員と同類の「巻き込み型」といえる。

もちろん、支店長も新人行員も「強迫性障害」と診断されたわけではない。だが、やりすぎとも思えるほどの完璧主義や確認癖が認められる人が何かのきっかけで精神科を受診して「強迫性障害」と診断されることは少なくない。

しかも、「強迫性障害」の患者の病前性格は真面目で几帳面であることが多く、こうした資質は日本社会では高く評価される。それゆえ、何度も洗ったり確認したりすることがあっても、自身がよほど困るか、周囲にかなり迷惑をかけるかのいずれかでない限り、本人が自覚することも受診することもない。だから、支店長も新人行員も、「強迫性障害」と診断することはできないにせよ、少なくともそうなりやすい病前性格、つまり「強迫性格」ではないかと疑いたくなる。

「強迫性障害」にせよ「強迫性格」にせよ、100点満点を目指す完璧主義であることが多いのだが、これは芸術家や作家などには必要な資質だ。実際、「強迫性障害」だったのではないかと疑われている天才もいて、その典型がレオナルド・ダ・ヴィンチである。

とことんこだわり、一切妥協しない姿勢が傑作を生み出したことは否定できないが、その反面、緩慢な仕事ぶりはあまりにも有名で、ほとんどすべての作品が未完成に終わっている。彼の最高傑作といわれる『モナ・リザ』も例外ではない。フィレンツェで4年かけて描いたが、完成させるには至らず、結局注文主の手に渡すことはできないまま、フランスまで持って行った。かの地で当時のフランス国王、フランソワ一世に買い上げられ、現在ルーヴル美術館にあるわけだ（「レオナルド・ダ・ヴィンチの幼年期のある思い出」）。こういう仕事ぶりが許されたのも、彼が創作を一人で担っており、「自己完結型」でやり通せたからだろう。

それに対して、金融機関でも医療機関でも、仕事を「自己完結型」でやり通すことはできない。完璧主義で職務を遂行しようとすると、どうしても周囲を巻き込んでしまい、結局「巻き込み型」にならざるを得ない。だから、少なくとも他人と協力しなければならない職場では、どこかで妥協し、ほどほどのところで折り合いをつけるしかないのだが、完璧主義の人ほど、この妥協が苦手だ。

完璧主義からなかなか抜け出せないのは、過去の成功体験によるところが大きいように見える。完璧主義者は、１００点満点でなければ気がすまず、60点とか80点とかでは満足できない。そのため、並々ならぬ努力を積み重ねてテストでいい点を取り、親や教師にほめられた経験が染みついていることが多い。さらに、そのおかげで手に入れた学歴が自身のプライドを支えていることも少なくないので、完璧主義からの脱却は自己否定につながりかねない。

しかも、子どもの頃から勉強のできる優等生だった人ほど、「怒られたくない」という願望が人一倍強い。当然、怒られる原因になるような失敗や間違いを回避しようとするあまり、完璧主義から抜け出せない。

おまけに、困っているのは自分ではなく周囲であることが多い。だから、よほどのことがない限り本人が自分自身の完璧主義のマイナス面を自覚する可能性は低い。自覚がなければ、それを直そうとも思わないので、改善する望みは薄い。その結果、周囲はずっと振り回され、クタクタに疲れ果てるわけである。

事例5　あれこれケチをつける人

ある家電メーカーでは40代の男性社員があれこれケチをつけるので、周囲は辟易している。たとえば、新しいプロジェクトを立ち上げようと頑張っている後輩に「どうせうまくいかないよ」「やるだけ時間の無駄」などと言う。そのプロジェクトがうまくいき、みな喜んでいても、「これが続くかどうかわからない」「次はそんなに簡単じゃない」などと水を差す。いつも他人の喜びを台無しにして、やる気をくじくそうだ。

本人は厳しい現実を教えてやっているつもり

この男性が何にでもケチをつけるのは、今に始まったことではない。5年ほど前にも、同期のトップで課長に昇進した男性社員に「どうせ課長になっても、責任ばかり重くなって、給料はあまり上がらない。大変な思いをするだけだよな」と言ったことがあるらしい。それだけではない。「管理職になったことをきっかけにうつになる『昇進うつ』というのがあるそうだから、気をつけないとな」と心配そうな素振りも見せたという。

そのせいか、課長に昇進した同期は、自分がうつ病になるのではないかと不安になり、昇進直後の面談の際、私に「昇進うつというのがあるそうですね。僕もそういうのになるんでしょうか」と質問した。私は「昇進したからといって、みながみなうつになるわけではありません。昇進うつになるのはごく一部」と説明し、なぜこのような不安を抱くようになったのかと尋ねた。すると、例の男性から昇進うつになる危険性を指摘され、かなり動揺していたことが判明したのだ。

それ以外にも、海外赴任が決まって喜んでいた同僚に「外国は日本と違って治安が悪いから心配だな。それに、奥さんが海外での生活になじめないとか、子どもの学校のことで苦労するとかいう話もよく聞くよな」と言ったこともあるそうだ。

とにかく一言多く、何にでもケチをつける。そのため、せっかく喜んでいたのに、それをぶち壊されたように感じ、怒っている人が社内には多い。しかし、そういう反応に本人はまったく気づいておらず、無頓着のようだ。

しかも、「がっかりしないためには、最悪の事態を想定しておかなければならない。うまくいっているように見えるときこそ、落とし穴があるのだから、用心しないとな」というのが口癖で、自分がネガティブな面ばかり指摘することを悪いとは思っていないように見える。

しょっちゅう他人の喜びに水を差し、顰蹙《ひんしゅく》を買っていても、本人の言によれば「あまりにも無邪気に喜んでいるから、問題点を指摘して、現実はそんなに甘くないことを教えてやっているだけ」ということになる。

根底に潜む羨望＝他人の幸福が我慢できない怒り

この男性の考え方は必ずしも間違っているわけではない。たしかに、常に最悪の事態を想定しておくことによって、問題が起きたときにより迅速に対処できるかもしれないし、幻滅せずにすむという効用もあるかもしれない。また、どこに落とし穴が潜んでいるかわからないから、用心するに越したことはない。

あるいは、この男性がネガティブな面ばかり指摘するのは、ペシミスト（悲観論者）だからかもしれない。ペシミストは、たとえ自分にいいことがあっても、あまり喜ばない。少なくとも表面上はうれしそうな素振りを示さない。まるで、手放しで喜ぶと不幸を招きかねないと思い込んでいるように見えることさえある。だから、自分自身がペシミストであるがゆえに、他人が喜んでいるのを目にすると水を差すようなことを言わずにはいられないという見方もできよう。

だが、どうもそれだけではなさそうだ。というのも、この男性が若い頃はすごい頑張り屋で、同期の出世頭になるのではないかと期待されていたことが、同期の女性社員の話からわかったからだ。

実際、課長の一歩手前のポジションまで昇進したのは、この男性が同期のなかで一番早かった。ところが、直属の上司と反りが合わなかったこともあって、なかなか課長になれなかった。やがて、先ほど述べたように、別の男性社員が同期のなかで最初に課長に昇進。その際、せっかくの昇進に水を差すような言葉を吐き、昇進うつの危険性まで指摘したわけである。

これまでの経緯を振り返ると、この男性の胸中には、羨望《せんぼう》、つまり他人の幸福が我慢できない怒りが潜んでいる可能性が高い。自分も昇進したくて、若い頃はそれなりに努力を重ねていたにもかかわらず、課長の一歩手前のポジションで足踏みする羽目になった。一方、同期は自分よりも先に課長に昇進した。その幸福が我慢ならなかったのだろう。

だからこそ、同期が手にした幸福にケチをつけたと考えられる。いくら喉から手が出るほどほしくても自分は手に入れられない幸福に浸っている他人を見ると、そのネガティブな面をいちいち指摘して、価値を否定せずにはいられない。

「他人の幸福は必ずしも甘いわけではない。むしろ酸っぱい。ときには苦いこともある」と自分で自分に言い聞かせて、怒りと悔しさを和らげようとしているようにも見える。まさにイソップの「酸っぱいブドウ」を地で行く話といえよう。

自分が羨望を抱いているとは思いたくない

自分が羨望を抱いていることは、誰だって認めたくない。なぜかといえば、自分がうらやましいと思っていると認めることは、自分のほうが羨望の対象よりも劣っていると認めることにつながるからだ。

そんなことは、強い自己愛の持ち主にとって耐え難い。だから、自分には羨望のような陰湿な感情などないかのようにふるまおうとする。それでも、羨望が募ると、どこかで吐き出さないと精神のバランスを保てなくなる。そこで、ケチをつけて、他人が手にしている幸福を無価値化しようとする。

この男性が吐いた毒を含んだ言葉はすべてこの文脈で理解できる。新しいプロジェクトを立ち上げようと頑張っている後輩に嫌みを言うのは、自分も何か企画を出して、上司に認められ、プロジェクトリーダーとして活躍したいという願望があるからだろう。だが、自分には新たな企画を考え出す力はない。第一、直属の上司と反りが合わないので、せっかく企画を出しても、却下されかねない。そういう状況で後輩が出した企画が認められ、新しいプロジェクトの立ち上げに向けて予算までついたのだから、嫌みの一つも言いたくなっても不思議ではない。

海外赴任にしても、この男性が実は熱望していたらしいことが明らかになった。20代の頃、海外支社に転勤になるかもしれないからと熱心に英会話教室に通っていたという。もっとも、課長の一歩手前のポジションで足踏みしているうちに、製造拠点の海外への移転が急速に進み、主要なポストは埋まってしまったので、よほどのことがない限り、今後しばらくはこの男性に海外勤務の話はきそうにない。だからこそ、海外に赴任することになった同僚に、あたかも不幸を願うかのような言葉を吐いたのではないだろうか。

部下への羨望と嫉妬からケチをつけることも

この男性がケチをつけた相手は同僚や後輩だが、上司が部下にケチをつけることもある。たとえば、大きな契約が取れたと意気揚々と上司に報告した部下に、その上司は「いくら契約が取れても、接待で経費をたくさん使っていたら、会社の利益にはならないんだぞ。コストパフォーマンスを考えないと。お前の給料を考えたら、今の倍の契約を取ってこないと話にならんな」とケチをつけたという。部下のほうは、いくら頑張っても認めてもらえず、それどころかダメ出しをされて意気消沈し、その後やる気をなくしてしまったそうだ。

合理的な思考回路の持ち主なら、大きな契約を取ってきた部下の功績を認めてほめ、激励すれば、部下がさらにやる気を出して頑張るだろうから、部署の業績もあがり、結果的に上司自身の手柄にもなると考えるところだろう。ところが、この上司は真逆の反応を示した。そのせいで部下の意欲を低下させ、結果的に部署の業績も低迷させることになった。

このように合理的とは到底いえないふるまいをする上司の胸中には、羨望が潜んでいることが少なくない。部下が大きな契約を取ったことはうれしい反面、その幸福に我慢ならない。自分以外の誰であれ、活躍し、成功していると、何となくしゃくにさわる。「他人の幸福はしゃくの種」といえるかもしれない。

それだけではない。嫉妬も潜んでいることがある。羨望と嫉妬は混同されやすいが、明確に区別すべきだ。羨望が他人の幸福に我慢ならない怒りとすれば、嫉妬は自分の幸福を奪われるのではないかという喪失不安にほかならない。たとえば、ある女性が隣家の美人妻の容貌をうらやましいと思うのは羨望だが、その美人妻が自分の夫と楽しげに話しているのを見て、夫を奪われるのではないかと不安になる場合は嫉妬である。だから、嫉妬のほうがより陰湿で、合理的判断を妨げる。

大きな契約を取った部下をけなした上司の場合、「部下がこのまま実績を積んだら、自分の地位を奪われるのではないか」「部下が自分を追い越して出世したら、自分の昇進の可能性はなくなってしまうのではないか」などと喪失不安、つまり嫉妬を抱いた可能性も十分考えられる。とくに部下と年齢が近い場合、羨望だけでなく嫉妬にもさいなまれる上司は少なくない。結果的に優秀な部下をつぶしてしまうこともあるので、この手の上司の下で働くことになったら、要注意だ。

事例6　八つ当たり屋

ある中小企業では30代の女性社員が突然20代の女性社員を怒鳴りつけるという。「この前、頼んでいた仕事はどうなったの。まだできてないの。なんでそんなに遅いの」「あなたが作った書類はミスが多くて、後で修正するのが大変なのよ。もっとちゃんとやってよ」などと目をつり上げて激怒する。そのため、若い女性社員は常にびくびくしており、退職者も続出しているため、慢性的な人手不足に陥っている。

「置き換え」による鬱憤晴らし

このように若い女性社員に当たり散らすのは、たいてい社長から叱責された日か、その翌日らしい。社長は中小企業のトップにありがちな超ワンマンで、すべての仕事を自分の思い通りに進めないと気がすまないのか、細かいことにまでいちいち口を出すという。

小さな会社で、事務関係を取り仕切っているのがこの女性なので、書類をすべて社長室に持ってこさせてチェックし、少しでも不備があると、「一体何をやっているんだ。バカ野郎」「なんでそんなに時間がかかって、しかもミスが多いんだ。ふざけるな。今日中にやり直せ」などと怒鳴り散らすのだ。

こういう暴言を吐くと、昨今ではパワハラで告発されかねない。だが、この社長は70代で、パワハラという言葉自体になじみがないのか、「バカ」とか「アホ」とかいう言葉を平気で使う。そのせいで嫌気が差して退職する社員が跡を絶たなくても、どこ吹く風で「バカには辞めてもらって結構。バカが会社にいたら大迷惑」と言い放つ。

それでも、補助金のおかげで会社の経営は一応安定しており、周囲の誰も社長に注意できない。いや、より正確には、聞く耳を持たない社長に注意しても無駄だとみな思っているというべきかもしれない。当然、社長が自分の暴言を反省する様子は微塵《みじん》も見られない。

社長から日々怒鳴られて、この女性は怒りや欲求不満を抱えている可能性が高い。それをうまく発散できないと、ストレスが溜まる一方であり、どこかで吐き出さなければ精神のバランスを保てない。

一番いいのは、ストレスの原因を作った社長に怒鳴り返すことだろう。「こっちだって一生懸命やっているのに、なんでそんなに言われないといけないんですか」「社長の指示が二転三転するから、こっちだって困るんです」「そんなにいい給料を払っているわけでもないのに、そこまで言うことないでしょう」などと日頃の鬱憤《うっぷん》を社長にぶちまければ、ストレスを発散できるはずだ。

だが、そんなことは怖くてできない。そのため、怒りも欲求不満も溜まる一方で、どこかにはけ口を求めることになる。はけ口になるのは、たいてい自分よりも弱い相手だ。この女性にとって社内で自分よりも立場が弱い相手といえば、若い女性社員くらいしかいない。だからこそ、20代の女性社員に当たり散らして鬱憤を晴らそうとするのだろう。

このように怒りや欲求不満の原因になった当の相手が怖くて、言い返すことも反撃することもできない場合、その矛先を転換して別の対象に向け変えることを精神分析では「置き換え」と呼ぶ。これは、怒りや欲求不満を溜め込みすぎると心身に不調をきたしかねないので、そういう事態を防ぐための防衛メカニズムであり、誰でも知らず知らずのうちにやっている。

もっとも、傍目には、無関係な第三者に怒りをぶつけることによる鬱憤晴らし、つまり八つ当たりにしか見えない。

八つ当たりの対象にされたほうは大迷惑だ。だいたい弱い立場の人がターゲットにされるが、それ以外の要因がからまっていることもある。この女性は、婚活アプリに登録して結婚相手を探しているらしいが、30代後半という年齢がネックになってなかなかいい相手にめぐり合えないようだ。「なんで男の人は20代の女の子ばかり求めるのかしら」と愚痴をこぼしているのを隣席の既婚の女性社員が聞いたことがあるそうだ。婚活で苦戦しているせいで覚えた焦りや怒りを、直接関係あるとは到底思えない20代の女性社員にぶつけて鬱憤を晴らしているのかもしれない。

上司による八つ当たりは厄介

この女性は、八つ当たりの対象である20代の女性社員よりも長く会社にいるだけで、とくに役職に就いているわけではない。一方、何らかの権限を持っている上司から八つ当たりされたら、本当に厄介だ。

大企業に勤務する40代の男性課長は突然部下を呼び出して「この案件はどうなっているんだ。注文が取れなければボーナスはカットだ」「なんでこのプロジェクトはなかなか進まないんだ。のろのろしていたら、お前を外すぞ」などと怒鳴りつける。

こういう爆発は、部長から業績のことで叱責を受けたり、会議で進捗状況を詰問されたりした後の数日間に多いそうだ。だから、やはり「置き換え」のメカニズムが働いていると考えられる。

課長は、本音では「売れる製品を出していないのだから、そんなに簡単に注文が取れるわけないだろ」「ぎりぎりの人員でやっているのに、そんなに早くできるわけないだろ」などと言い返したいのだが、そんなことは怖くてできない。だから、ぐっと堪《こら》えているが、どうしても怒りや欲求不満が溜まるので、その鬱憤を誰かにぶつけずにはいられない。そのへんの事情は部下も薄々わかっているようだ。

だからといって、自分が八つ当たりの対象にされることを許せる部下がいるだろうか。たとえいたとしても、ごく少数で、ほとんどは「ふざけるな。人をサンドバッグ代わりにしやがって」と怒鳴りたいはずだ。

しかも、厄介なことに、課長は、ボーナスをカットするとか、プロジェクトから外すとかいう脅し文句を口にしている。ある程度の権限を持っている上司からこんなことを言われたら、「本当にそんなことになったらどうしよう」と不安にさいなまれるかもしれない。あるいは、「大変だ。何とかしなければ」と考えて重圧に押しつぶされそうになり、「でも、一体どうすればいいのか」と悩むかもしれない。

いずれにせよ、ストレスがかかる状況であり、怒りや欲求不満が溜まる。必然的に部下もそのはけ口をどこかに求めずにはいられず、鬱憤晴らしの対象を探す。その対象はどうしても自分よりも弱い立場の相手になりやすい。後輩、とくに新入社員だったり、派遣社員だったり、パートタイマー・アルバイトだったりする。さらに、鬱憤晴らしの対象にされた側も、もっと弱い相手を探し求めて、当たり散らす。こうして「置き換え」によって、八つ当たりの連鎖が起きる。

このような連鎖が起きている職場では、いつ怒鳴りつけられるかわからないという不安から、みなびくびくしており、ぎすぎすした雰囲気が漂っている。そのため、仕事の能率が低下して、業績も悪化することが少なくない。

当然、それに対して激怒したトップもしくは管理職が部下を怒鳴りつけることは容易に想像がつく。すると、怒鳴りつけられた部下も、自分より弱い相手に対して同じことを繰り返す。結果的に悪循環に陥っていくのである。

「自分もされたのだからやってもいい」と正当化

職場で「置き換え」による八つ当たりの連鎖が起きると、強いストレスがかかり、怒りや欲求不満が溜まるので、どこかで鬱憤晴らしをしなければ心身に不調をきたしかねない。そこで、矛先を変えて、当たり散らせる相手を外部に探し求める。現在その矛先を向けられている最大の被害者といえばホテルやレストラン、スーパーやコンビニなどのサービス業の従業員である。

「態度が悪い」「口のきき方がなってない」「料理がまずい」「不良品が混じっている」などと難癖をつけて激高し、怒鳴りつける。ときには、「土下座しろ」と要求したり、暴力を振るったりすることもあり、逮捕者が出たことさえある。このような暴言や暴力は、〝カスタマーハラスメント〟、いわゆる〝カスハラ〟と呼ばれており、メディアでもしばしば取り上げられている。

サービス業の従業員が〝カスハラ〟のターゲットになりやすいのは、やはり言い返せない立場だからだろう。「お客様は神様です」という言葉に象徴されるように、わが国では「お客様」の要求にできるだけ応えなければならず、逆らうなんてもってのほかという風潮が強いように見受けられる。

そこにつけ込んで、職場で溜め込んだ鬱憤を晴らす格好の機会とばかりに、些細なことで切れて暴言を吐いたり理不尽な要求をしたりする「お客様」が少なくない。そういう「お客様」は、「こちらはお金を払っている客なのだから、少々のことは許されて当然」という特権意識を抱いていることもある。

この手の「お客様」は、〝カスハラ〟を二重の理屈で正当化する。一つは、従業員の側に手落ちがあったのだから、自分はむしろ被害者という論理である。たとえ、あら探しに近いことをして何らかの落ち度を見つけたとしても、悪いのは従業員の側という理屈で自分のふるまいを正当化する。

もう一つは、自分も職場で理不尽な理由で怒鳴りつけられたが、言い返せず、悔しい思いをしたのだから、同じことをやってもいいという理屈である。「自分もされたのだから、やってもいい」と正当化すれば、罪悪感も羞恥心も覚えずにすむ。こうして「置き換え」による八つ当たりの連鎖が無限に続くことになる。

事例7　特定の部署にこだわる人

建設会社に入社して1ヵ月も経っていない男性の新入社員は、「自分が一人で現場事務所にいたとき、知らないおじさんがハンマーを持って入ってきた。そして、『工事の騒音がうるさいんじゃ』と怒鳴りながら、ハンマーを振り回して壁を叩いた。自分も叩かれそうになったので、逃げた。そのときの恐怖が強くて不安でたまらず、夜眠れなくなった」と訴えた。だが、実はその裏に驚くべき事実が潜んでいた。

作り話をしてまで部署異動を画策

現場事務所の壁に少しへこんだところがあったので、当初は会社側も本人の訴えを信じたようで、「診断書をもらってきなさい」と指示した。そこで、新入社員は私の外来を受診した。私自身も本人の訴えを信用して、休業加療を要するという趣旨の診断書を書いた。

ところが、その後とんでもない事実が明らかになった。会社の上司が新入社員を伴って来院し、本人同席のもとで経緯を説明した。だいたい次のような内容だった。

会社としては、警察に被害届を出すことも検討し、現場事務所の玄関に設置されていた防犯カメラを解析した。すると、当該時刻に外部から誰かが侵入する姿も、新入社員が逃げ出す姿も映っていなかった。そのかわりに映っていたのは、新入社員らしき人物が棒のようなもので壁を叩いて回る姿だった。もっとも、新入社員は外部からの侵入者が現場事務所の壁をハンマーで叩いたのは事実だと主張し続けた。そこで、会社側は、防犯カメラに侵入者の姿が映っていなかったことを彼に伝え、被害届も出さなかった。

この話を信用すれば、現場事務所に外部から男が侵入してハンマーを振り回し、壁を叩いたというのは、新入社員の作り話だったことになる。防犯カメラの映像という証拠がある以上、どちらの主張に信憑性《しんぴょうせい》があるかは一目瞭然だ。

上司が帰ってから、新入社員と一対一で話したのだが、悪びれた様子は全然なかった。

それどころか、「僕は、内勤か営業を希望していたのに、現場に回されて嫌だったんです。大学まで出ているのに、どうして現場で中卒や高校中退の職人と一緒に働かないといけないんですか。何度も『内勤か営業に回してください』とお願いしたのに、『それはできない』と言われた。会社のほうがおかしいのだから、もう辞めてやる」と息巻いた。どうやら、殴り込み事件をでっち上げて、自分がその被害者であるかのように装えば、内勤か営業に回してもらえるのではないかという思惑があったようだ。

この会社では、大卒であっても新入社員はみな一度は建設現場に配属される。現場の事情がわかっていたほうが、内勤や営業の仕事に携わるにしてもいいという理由による会社の方針だが、この新入社員は受け入れられなかったのかもしれない。

一連の経緯を振り返ると、この新入社員は自分の希望に沿わない部署に配属されたことが不満で、出勤するのが嫌になり、殴り込み事件をでっち上げれば希望する部署への異動が叶うのではないかと短絡的に考えた可能性が高い。ただ、入社直後で、防犯カメラが設置されていることを知らなかったので、計算通りにはいかなかったのだろう。

前の部署に戻れず、出勤できなくなった女性

非常に未熟な考え方だと思うが、似たような思考回路の人はどこにでもいる。たとえば、

電機メーカーに勤務する20代の女性社員は、開発部門から営業部門に異動になり、大学時代に理系の学部で学んだ専門知識を生かせなくなったことに不満を募らせた。そのため、異動から1ヵ月後に上司に「私は理系出身なので、営業部門は無理です。前の部署に戻してください」と頼んだ。しかし、「たった1ヵ月では、無理かどうかわからない。もう少し辛抱して頑張ったら、やがて慣れてくるでしょう」と言われた。翌朝、目は覚めたものの、起き上がれず出勤できなかった。その後1週間全身倦怠感や頭痛が続き、内科で検査を受けても異常が見つからなかったため、私の外来を受診した。

この会社でも、幹部候補ほどすべての部署を経験することになっているらしい。だから、上司の助言はもっともで、営業部門の仕事に少しずつ慣れていけばいいだけの話だし、優秀な彼女ならできるだろうと私は思う。

だが、この女性はそれを受け入れられなかったようだ。というのも、名門国立大学の出身で、それが彼女のプライドを支えているようなところがあるからだ。「自分が見下していた大学の出身者に頭を下げながら営業の仕事を教えてもらうのは嫌」と愚痴をこぼしていたので、そのことに耐えられなかったのかもしれない。

その後、この女性は診断書を提出して休職したが、病状はなかなか改善しない。もっとも、自分の好きなことだったらできるのか、休職中に恋人と一緒に旅行に出かけ、旅先でマリンスポーツを楽しんでいる様子を撮影した写真をＳＮＳに掲載した。それを会社の同僚が発見して上司に報告し、大問題になったらしいが、悪びれた様子はまったく見られない。それどころか、診察中も「私の病気がよくならないのは、私を飛ばした会社のせい」と不平・不満を訴え続けている。ときには、「前の部署に戻すことが治療上必要と診断書に書いてほしい」と要求することさえある。

自分の希望通りにならないことを受け入れられない

この女性も、先ほど紹介した新入社員と同様に自分の希望通りにならないことを受け入れられないようだ。

社内でどこに配属されるかは、会社の方針や上層部の意向によって決まることが多く、各人それぞれの希望通りにはいかないことがままある。第一、社員すべての希望を聞いて、それをすべて反映させた人事を実行するのは土台無理な相談だ。

誰か一人の希望を優先させたら、他の大勢から不満が噴出しかねず、「あちらを立てればこちらが立たぬ」事態になるのは目に見えている。そういう事情がわかっていれば、よほど理不尽な異動でない限り一応受け入れて異動先でしばらく勤務し、次の異動を待つことにしようとほとんどの方が考えるのではないか。

ところが、新入社員も、20代の女性社員もそれができない。そのため、作り話をして異動を画策したり、出勤できなくなったりする。しかも、その理由が中卒や高校中退の職人と一緒に働くのは嫌とか、自分が見下していた大学の出身者に教えてもらうのはプライドが許さないとかいうもので、ちょっと首をひねりたくなる。

こうした理由は本人にとっては深刻なものであり、耐え難いのかもしれない。だが、その理由を聞いて、「たしかに大変だね」と共感できる方がどれだけいるだろうか。少なくとも私は、心から共感することはできなかった。むしろ、女性社員の上司の「もう少し辛抱して頑張ったら、やがて慣れてくるでしょう」という助言に共感を覚えた。きついと批判されるかもしれないが、それを覚悟のうえで申し上げると、辛抱が少々足りないのではないかと思ったということだ。

もっとも、現在の日本社会で「辛抱」という言葉は20代の若者にとって死語なのかもしれない。終身雇用も年功序列も崩壊しつつあり、若い頃に辛抱したからといって、その会社に定年までいられるとは限らないし、給料が年齢とともに順調に上がっていくわけでもない。少なくとも、現在20代の若者が今勤務している会社に定年までいる可能性はきわめて低い。とすれば、一昔前の日本企業であれば社員に強いることができた辛抱であっても、それを今の若手社員に望むのは無理だろう。

コスパ至上主義の影響

　自分が勤務する会社への帰属意識が上の世代と比べてはるかに希薄になった若手社員にとって重要なのは、どれだけ有利な条件で転職できるかということだと聞く。そのためにはスキルアップが必要であり、それが今いる部署でできるかどうかを気にする若手社員が増えているようだ。ここで紹介した新入社員が現場事務所での勤務を、20代の女性社員が営業部門での勤務を嫌がったのも、そこでの経験が将来役に立ちそうにないという計算が働いたからかもしれない。

　どんな経験であれ、役に立つか、立たないかは、必ずしも今すぐわかるわけではない。現場での経験が将来内勤や営業の仕事に携わる際に役に立つかもしれないし、営業部門での経験が開発部門での業務に役に立つかもしれない。だが、現在やっている仕事が将来役に立つか、立たないかは、その仕事をしているそのときにわかるわけではない。何年か経ってから初めてわかることが多いのだが、それまで待てない若者が目立つようになった印象を受ける。

　その一因として、コストパフォーマンスを何よりも重視するコスパ至上主義が社会の隅々にまで浸透したことが挙げられる。その結果、「最低限のコストで最大限のアウトプットを生み出す」ことが素晴らしいという価値観の持ち主が増えた。このようにコスパに敏感なのは、消費社会で幼い頃から常に〝買い手〟の立場に身を置いてきたからだろう。

当然、常にコスパを考えずにはいられず、職場においても労働という〝苦役〟をできるだけ減らしてコスパをよくしようとする。あるいは、自分の貴重な時間とエネルギーを費やして〝苦役〟を提供する以上、それが十分報われたとも将来役に立つとも思えなければ、自分が現在やっている仕事が無駄になったように感じる。

コスパ至上主義の若者が何よりも忌避するのは、無駄という言葉だ。だから、自分が今いる部署での〝苦役〟が無駄になるかもしれないと思えば、別の部署に異動させてもらうために何でもするのは、本人にとっては理に適っているのかもしれない。たとえ、それが職場の上司や同僚だけでなく、診察した精神科医もあきれさせる行為であっても。

事例8　いつも相手を見下す人

私が定期的にカウンセリングを行っている金融機関で、20代の男性行員のことで相談を受けた。この男性は、「最近、一流企業の○○会社の社長さんと会ってさ」「僕は有名な△

△大学の出身でさ」などと言っては、いつも相手を見下す。そのため、ほとんどの同僚が辟易しているのだが、本人はまったく気づいていないらしく、相変わらず学歴をひけらかし、自分が偉い人を知っているという話を繰り返すそうだ。

高学歴なのに、仕事ができない

この男性が高学歴なのは事実である。もっとも、仕事ができるかというと大いに疑問だ。本人は融資課で審査業務に従事することを希望していたので、入行後いくつかの部署を回った後、融資課に配属された。個人や企業の顧客に融資し、その額に比例して利子を稼ぐのが金融機関のビジネスモデルなので、実績が目に見えてわかる花形の融資課で活躍したいという願望が強かったようだ。名門大学出身ということもあって、上層部もこの男性にかなり期待していたと聞く。

ところが、顧客対応があまり得意ではなかった。審査の際には、融資を希望する顧客と直接面談して話を聞き、交渉や調整をする必要があるのだが、それがうまくできなかったのだ。

こうした事情があったからか、この男性は上司から勧められて私のカウンセリングを受けた。その際、そもそも他人と話をすること自体が苦手で、顧客との面談があるときは、前の晩から緊張して眠れなくなると訴えた。

顧客との面談で、必ずしも決算書に記載されているわけではない情報を引き出し、業務内容や財務状況を正確に把握することができないと、融資が可能かどうかを判断するのは難しい。そのせいか、この男性は判断に時間がかかり、融資案件の数をこなすことができなかった。

しかも、融資を希望する顧客すべてにお金を貸せるわけではなく、どうしても融資不可の案件が一定の割合で出てくる。それを伝えた顧客から「なんで貸してくれないんや。こっちは首をつるしかないほど切羽詰まっているんだから、貸してくれてもいいやないか」と詰め寄られ、暴言を吐かれたことも、この男性の判断を遅らせる一因になったようだ。

先輩に相談したところ、「そういう客はどこの支店にもいる。本来は貸せないのに無理して貸したら、背任になりかねない。だから、融資の条件を満たしていなくて貸せない相手には、はっきり伝えるべきだ。場数を踏んで慣れていくしかない」と助言されたそうで、至極もっともだと思う。だが、この男性は、また暴言を浴びせられるのではないかという不安から、融資が可能か不可かの判断をなかなか下せなくなってしまったのだ。

1ヵ月に誰が何件の融資案件をこなしたかは、毎月グラフで示されるのだが、いつもこの男性が一番少なかった。しかも、自分より多くの融資案件をこなしていた同期の男性が、この男性の母校より偏差値も知名度も低い中堅私大の出身ということも、彼のプライドをひどく傷つけたようだ。

ちょうどこの頃、直属の上司である課長から、この男性について「いい大学を出ているのに、あまり仕事ができない。お客様と話すのが苦手みたいで、融資の件数をこなせない。だからといって、厳しく叱責したり発破をかけたりすると、本人のプライドを傷つけかねない。ややこしそうな案件はできるだけ回さないようにしているが、そうすると他の行員から不満が出てくるし、どうしたらいいでしょうか」と相談を受けた。かなり寛大な上司という印象を受けたので、「元々能力はあるはずだから、しばらく見守るしかないですね」と答えておいた。

しかし、年単位で見守っても、この男性の顧客対応力が向上することも、こなせる融資案件の数が増えることもなかった。そのため、さすがに寛大な上司も業を煮やしたのか、「判断を伴う業務には向いていないのかもしれない。だから、判断を伴わない業務に回したほうがいいのではないか」と言い出し、上層部に相談した。

この男性は、花形の融資課での勤務を続けることを希望したようだ。だが、こなせる案件の数があまりにも少なく、同僚から不満の声があがっていたことも考慮したのか、契約書を作成する部署に異動させる決定を上層部は下した。

不本意だった異動

　この異動は、本人にとってかなり不本意だったらしい。というのも、金融機関では一般に判断を伴う判断業務のほうが判断を伴わない定型業務よりも高く評価される傾向があるからだ。

　とくに融資課は花形であり、そこで成果を出して認められたいという願望が強かったのか、定型業務部署への異動を左遷のように感じたらしい。しかも、融資課には正社員の男性が多いが、異動先の部署にはパートタイマーや契約社員の女性が多いことも、彼のプライドを傷つける一因になったようだ。

　そもそも、この金融機関では、判断を伴わない定型業務は、できるだけ非正規社員に担当させるという流れになりつつある。正社員は、顧客対応及び判断を伴う審査や営業などの業務に従事させる、つまりできるだけ利ざやを稼げる仕事をやらせる方針のようだ。とはいえ、この男性は顧客対応が苦手なので、営業職に就かせる選択肢は、はなから考えられなかったという。

　このような経緯を経て異動した男性は、冒頭で紹介したような言葉を吐いて、周囲を見下すようになった。それだけではない。「ただ書類を作るだけの単純作業には喜びもやりがいも感じられないんです。パートのおばちゃんでもできるような仕事をするためにここに入ったんじゃありません。異動させられて、僕はキャリアをつぶされました」と支店長に訴え、元の融資課に戻してくれるよう直談判したのである。

こじらせた承認欲求

これまでの経緯を振り返ると、この男性が自分の優位性を誇示して、周囲を見下すのは、自身の承認欲求が満たされず、欲求不満を募らせているからだと考えられる。本当は花形の融資課で成果を出して認められたかったのだが、実際にはそうはいかなかった。それどころか、学歴では劣る同期に融資案件の数で負けるという体たらくで、結果的に不本意な形で異動させられた。当然、本人のプライドは相当傷ついたに違いない。

こういう屈辱的な事態は誰にでも多かれ少なかれ起こりうるはずだ。そんなときこそ真価が問われるわけで、自分が味わった敗北感とどう向き合い、どう乗り越えていくかでその人の価値が決まるといっても過言ではない。

この男性は敗北感と向き合おうとせず、乗り越えられなかったように見える。おそらく、学歴では自分のほうが勝っている同期に融資の実績では負けたという現実を受け入れられなかったのだろう。いや、正確にいうと、受け入れたくなかったのかもしれない。自己愛が強いので、自分の敗北をどうしても認められないのだ。

耐え難い現実から目をそむけ続けるには、「本当は負けていない。自分のほうが勝っている点もある」と自分で自分に言い聞かせられるもの、いわば傷ついた自己愛を補強するものが必要になる。

この男性の場合、異動先の部署で実績をあげて見返すことができれば、それに越したことはないのだが、それは無理だった。契約書作成の仕事を彼は見下していて、身が入らなかったのか、パートタイマーや契約社員の女性よりも1日に作成できる書類の数が少なかったからだ。

そうなると、仕事以外で自分のほうが優れている点をアピールするしかなくなる。だからこそ、この男性は自身の学歴をこれ見よがしにひけらかして相手を見下すようになったのだろう。

盛んに吹聴していた偉い人を知っているという話も、実は出身大学の同窓会で講演した一流企業の社長を間近で見た程度の関係にすぎないと、同じ大学出身の行員が話していた。ちなみに、この行員は現在携わっている業務で成果を出しており、周囲から一目置かれているうえ、上司からも評価されているからか、自らの輝かしい学歴を引き合いに出すことはほとんどないようだ。

くだんの男性に限らず、今パッとしない人ほど過去の成功体験を持ち出すように見受けられる。その最たるものが学歴だ。学歴は主にペーパーテストの点数で決まり、コミュニケーション能力や臨機応変に対応する能力を必ずしも反映しているわけではない。当然、業務内容によっては、高学歴だが仕事ができない人が一定の割合で存在する。この男性の上司のように「いい大学を出ているのに、あまり仕事ができない」部下の件で相談を持ちかける管理職に何度もお目にかかったことがある。

これは、現在の入試制度を根本的に変えない限り、どうしても起こりうる悲劇だ。だから、高学歴なのに仕事ができない人がいたら、本人の適性を考慮して異動させるのは賢明な選択だと思う。ところが、この男性は、苦手な顧客対応をせずにすむ部署へ異動したにもかかわらず、それが不本意だったのか、不満たらたらで、周囲を見下すようになった。

このように周囲を見下し、自分の優位性を誇示する人の胸中には、こじらせた承認欲求が潜んでいることが少なくない。認められたいのに、認めてもらえないという不満がくすぶっており、ことあるごとに「自分はこんなにすごいんだぞ」とアピールせずにはいられない。もっとも、いくらアピールしても、実績をあげられなければ、周囲から認めてもらえない。むしろ、総スカンの状態になりやすい。だから、余計に不満が募って、さらにアピールする。こうして悪循環に陥っていくのである。

事例9　相手によって態度を変える人

ＩＴ系企業に勤務する40代の男性課長は、自分の上司に対する態度と部下に対する態度が全然違う。部長や役員に対しては平身低頭で穏やかだが、部下に対しては横柄で、「なんでこんな簡単なことができないんだ」「君の頭は小学生レベルか」などと暴言を平気で吐く。そのため、部下が何人もメンタルを病んで休職中であり、次々に辞めていく。しかし、部下が会社の上層部に訴えても、「あの温厚な課長がそんなことをするわけがない」と言われ、取り合ってもらえないという。

強い自己保身欲求と上昇志向

この課長のように部下には暴言を吐くくせに、上層部にはぺこぺこする上司はどこにでもいる。たとえば、アパレル会社のショッピングモール内にある店舗に赴任してきた40代の男性店長は、店員が少しでももたもたしていると、「どうしてそんなにとろいんだ」「君の仕事が遅いから、能率が落ちるんだよね」などと怒鳴る。

また、店長には、これはこうしなければならないと思い込んでいる手順があるようで、それと少しでもずれたことをする店員がいると、客の前でも大声で叱責する。なかには、閉店後1時間以上、仕事の手順や接客態度などについて延々と罵倒され、「ちゃんとわかってんのか」と胸ぐらをつかまれた店員さえいるらしい。そのせいか、この店長が赴任してから3ヵ月足らずで、二人の店員が退職した。

もう一人の20代の男性店員も、店長から些細なことで責め立てられる出来事があって、それ以降、頭痛や目の奥の痛みを感じるようになった。そのうえ、店長とシフトが一緒になる前日には決まって気分が落ち込んで意欲も低下し、眠れなくなったため、私の外来を受診。この店員は、仕事自体は好きで、他の従業員や上司との関係は良好なため、継続して勤務したいという気持ちが強かった。しかも、人員不足の職場で自分が休めば迷惑をかけるため、できる限り休みたくないという希望だったので、軽い睡眠導入剤を処方した。

その後、この店員は本部の人事部長に相談し、なるべく店長と一緒に働かずにすむようにシフトと出退勤時刻の調整をお願いした。できれば他店舗に異動したいという希望も伝えたのだが、それに対して部長からは「あの温厚な店長がそんなことをするなんて信じられない。接客態度が悪かったら注意するのは当たり前だ。今時の若者は辛抱が足りないって話もよく聞くしなあ」という答えが返ってきた。調整と異動についても、部長は「検討する」と言ったものの、実際には何の配慮もしてもらえないまま、店員は服薬しながら働き続けている。

たしかに、今時の若者は叱責への耐性が低く、すぐ辞めるという話はあちこちで耳にする。だが、少なくともここで取り上げたIT系企業とアパレル会社では、課長もしくは店長の暴言や叱責などによって部下が何人も辞めており、上司の言動にまったく問題がなかったとは到底思えない。にもかかわらず、二人とも上層部から「温厚」と評されており、部下に対する〝乱暴〟ともいえるふるまいについても、「信じられない」という反応が返ってきている。

その一因として、二人とも〝上〟に対する態度と〝下〟に対する態度が全然違うことが挙げられる。私の外来に通院中のアパレル会社の店員によれば、本部から社長と役員が店舗の視察に来た際、店長は非常に礼儀正しく、きわめて丁寧な口調で話しており、日頃の言動と全然違うので、唖然としたという。

こうした違いは、自己保身欲求と上昇志向が強い人にしばしば認められる。その人に気に入られるかどうかで自分の出世が決まる〝強い〟相手、つまり人事権を握っている上層部に対しては極力下手に出て、自分の言いたいことも言わず従順にふるまう。逆に、どんな暴言を吐いても、どれだけ厳しく叱責しても、自分の地位を脅かすことはありえない〝弱い〟相手、つまり何の権力もない部下に対しては、言いたい放題で、自分のやり方を押しつける。もしかしたら、〝強い〟相手の前では抑圧している分、その反動が出て、〝弱い〟相手に対してはより強圧的になるのかもしれない。

強い特権意識

この手の上司に共通する特徴として、特権意識が強く、「自分は上司なのだから少々のことは許されるはず」と思い込んでいることが挙げられる。こういう思い込みがあると、「普通の人に適用されるようなルールは自分には関係がない」「普通の人には許されないことでも自分だけは許される」と考えがちで、その結果パワハラまがいの言動を平気で繰り返す。

特権意識に拍車をかけるのが過去の成功体験だ。ＩＴ系企業の課長は、新しいソフトを開発して大ヒットさせた実績があり、アパレル会社の店長も、以前勤めていた複数の店舗で売り上げを伸ばした実績があるらしい。このように実績があると、どうしても特権意識を抱きやすい。しかも、自分のやり方で成功したという自負があるのか、それを他人にも押しつけがちになる。だからこそ、部下のやり方が少し違うだけで、怒鳴ったり叱責したりするのだ。

とはいえ、そういうことも許容されるのが世の常だ。上層部としては、稼ぎ頭に辞められたら困るというのが本音だろう。それほど稼げるわけでもない下っ端が何人メンタルを病もうが、退職しようが、大した痛手ではなく、代わりはいくらでもいるので、また雇えばいいくらいに上層部は思っている可能性が高い。上層部の顔色を常にうかがっている上司ほど、こうした認識を敏感に感じ取るので、さらに特権意識に拍車がかかる。

想像力の欠如

特権意識が強い上司ほど、自分の暴言や罵倒で部下がどれほど傷つき、つらい思いをするかに想像力を働かせることができない。いや、それどころか想像してみようとさえしない。想像力が欠如しているからこそ、感情に任せて暴言を吐き、罵倒し続けるのだろう。

もっとも、想像力の欠如を無自覚に露呈させるのは〝下〟に対してだけである。逆に、〝上〟に対しては、自分の言動がどう受け止められるか過剰ともいえるほど警戒し、不快感や反感をかき立てないよう慎重にふるまう。〝上〟からどう見られるかが最大の判断基準になっているからであり、そのおかげか〝上〟から気に入られ出世することも少なくない。

ところが、このような涙ぐましい努力が想定外の事態を招くこともある。センサーの感度を極力上げて、〝上〟にいい印象を与えられるように頑張っていたのに、その〝上〟が何らかの事情で退社したり、権力を失ったりする場合だ。そうなると、それまでの気遣いがどこにいったのかと首を傾げたくなるほど、ぞんざいな対応をするようになる。

よく聞くのは、ポストオフや定年後再雇用になった元上司に対して、一切話しかけない、場合によっては挨拶《あいさつ》も返さない元部下がいるという話だ。元部下の豹変に悩んで落ち込み、眠れなくなった定年後再雇用の男性が私の外来を受診して、「管理職ではなくなり、何の権限もなくなった奴は無価値だと向こうは思っているから、ぞんざいに扱うのでしょうか」と尋ねたこともある。聞けば、この男性が上司として人事権を握っていた頃は、挨拶さえしなくなった元部下は非常に従順で、盛んに媚《こ》びへつらっていたそうだ。しかも、この男性の定年後その後釜に座ったという。

この元部下のように、話しても挨拶しても一文の得にもならないと思えば平気で無視する人はどこにでもいる。根底に潜んでいるのは損得勘定であり、相手の地位や役職を見て行動し、平気で態度を変える。しかも、それを恥ずかしいとも、後ろめたいとも思わない。

朝令暮改も日常茶飯事

相手によって態度を変える人は、方針もコロコロ変えることが多い。朝令暮改も日常茶飯事なのだが、これは〝上〟から気に入られることしか考えていないからだろう。〝上〟からちょっと言われただけで、それまでの方針を百八十度転換することもある。そのため、こういうタイプを上司に持つと、部下は振り回されてばかりで、本当に苦労する。

指示が行き当たりばったりで、一貫性がなく、すぐに方針が変わる一因として、自信がないこともある。おくびにも出さないが、実は「この方針で大丈夫だろうか」とびくびくしているからこそ、指示が二転三転する。朝令暮改の上司ほど「状況が変わったんだから、臨機応変に対応しないといけない」と正当化するが、そのたびに右往左往する部下のほうはたまったものではない。

方針がコロコロ変わる上司の胸中には、責任回避のためという思惑が潜んでいることもある。自分で責任を取りたくないので、少しでもうまくいかないことがあると、すぐに方針転換する。場合によっては、自分では明確な指示を出さず、「〃上〃がこう言っていたから、そうしよう」と自分の責任をあいまいにしたり、「それぐらいのことは、自主的にやってくれないと困るよ」と丸投げしたりすることもある。いずれにせよ、自らに降りかかる責任の回避を最優先したいからにほかならない。

辛辣な見方をすれば、自信がないからこそ、自己保身のために相手によって態度を変える〃カメレオン〃になるのだし、方針もコロコロ変えるのだともいえる。

事例10　他人のせいにする人

製造業のある会社では、一つの業務完了後に書類に押印をして提出し、次の業務に移行することになっている。ところが、20代の男性社員は、自分が押印していない段階で書類を提出した。以前にも同様のことが生じており、ミスにつながりかねないので、しっかり確認してほしいという声が部署内からあがった。そこで、その部署のみなで集まって対処方法を検討していたところ、押印せずに提出した例の男性が「先輩から怒鳴られて、すごいショックを受けた。そのせいでへこんでしまった。謝罪してほしい」と言い出した。

叱責されるとパワハラと騒ぐ人

この男性が先輩の男性社員から注意されたのは事実らしい。押印せずに提出していたことに気づいた先輩が「お前、何やってんだ。ハンコを押してから出すことになっているだろ。この前も、お前ちゃんと確認せずに出してたよな。そんなことしているからミスが減らないんだ」と語気を荒げて注意したという。その裏には、例の男性はミスが多く、次の業務を担当する先輩がそれを指摘したり修正したりするのに多大な時間とエネルギーを費やさなければならないという事情があったようだ。

こうした事情があったのだとすれば、先輩が語気を荒げずにはいられなかった気持ちもわからなくはない。ハンコを押すことが本当に必要なのかについては、とくにコロナ禍を機にしばしば議論の対象になり、デジタル化の妨げになっているという声もあがった。そのため、書類によっては押印の習慣を廃止した会社もあると聞く。しかし、この会社では少なくとも現時点においては押印する決まりになっているのだから、それを守るのが筋ではないかと私は思う。

ところが、この男性は、ハンコの押し忘れについて先輩から語気強く注意されたことを怒鳴られたように感じて根に持ったのか、先輩に謝罪を要求した。自分が押印せずに提出した件について悪かったとは微塵も思っていないことがうかがえる。それだけでなく、日頃からミスが多いことについても反省するどころか自覚さえしておらず、悪いのは注意した先輩のほうというスタンスのようにも見える。

似たような思考回路の人にはどこでも遭遇する。たとえば、私がメンタルヘルスの相談に乗っている保険会社に、遅刻を繰り返す20代の女性社員がいた。その分をカバーしなければならない他の社員から苦情がきていたので、40代の上司がやんわりと注意した。しかし、改善の兆しが一向に見られない。他の社員の手前もあり、上司が今度は強めに叱責した。すると、この女性は「パワハラです！」と逆ギレし、上司は人事に呼び出されて、事情を説明する羽目になった。

それと並行して、人事が周囲の社員にも事情を聞いたところ、この女性が遅刻を繰り返していたことが判明した。また、他の社員もそれについて日頃から不満を抱いていたし、上司の叱責の仕方は妥当で、とくに問題になるようなものではないという印象を抱いた社員が多いことも明らかになった。そのため、必ずしもパワハラとはいえないという結論が出た。

もっとも、この女性には悪びれた様子がまったくなかった。それ以降も、以前よりは頻度が減ったとはいえ、彼女は相変わらず遅刻を繰り返しているので、反省したわけでもなさそうだ。しかも、上司は、少しでもきつい言い方をするとパワハラで告発されかねないことを学習したのか、その後は彼女に対してあまり厳しく言わなくなった。だから、この女性はある意味では得をしたという見方もできる。

このように、自分の落ち度を注意されると、「パワハラ」と騒ぎ立て、「自分は悪くない。むしろ被害者だ」と主張する人は少なくない。ある金融機関でも、30代の男性社員が「ミスが多い。もっと注意深く書類を作成しろ」と上司から叱責されて書類をいちいちチェックされるようになり、それに不満を募らせたのか、「監視されている。パワハラだ」と訴え、大騒動になった。

もっとも、この男性のミスでは、同じ部署の同僚の多くが迷惑していたので、上司の叱責もチェックも当然だという声が圧倒的に多かった。何しろ、彼は融資希望の顧客が申込書に記入した内容をパソコンに入力する作業を担当していたのだが、生年月日さえ間違えることがしばしばあったのだから。

それでも、この男性に悪びれた様子はまったくなかった。しかも、上司のほうもパワハラだと騒がれたことで警戒するようになったのか、この男性が作成した書類をいちいちチェックすることも、厳しく注意することもなくなった。だからといって、彼のミスが減ったわけではなく、次の業務の担当者がミスを発見するたびに修正している。その分、確認のための時間がかかるし、修正のための作業も増えるので、一番の被害者はこの担当者かもしれない。

仕事ができないのは上司のせい

遅刻やミスを繰り返して上司から叱責された社員が「パワハラ」と騒ぎ立てて難を逃れようとするのは、自己保身のためだろう。悪いのはパワハラの加害者である上司ということにすれば、遅刻やミスなどの自分自身の非をうやむやにできるという思惑が透けて見える。

最初に紹介した20代の男性が、部署のみなが集まっている場で、先輩に自分を怒鳴ったことに対する謝罪を要求したのも、謝罪に値するようなふるまいをした先輩の非を告発すれば、ハンコの押し忘れという自身の非をうやむやにできるという思惑があったからではないか。

つまり、自分は悪くないと主張したいからこそ、上司や先輩の落ち度をあえて指摘するわけだが、同様の目的で、仕事ができないのは上司のせいという論理を展開する人もいる。

たとえば、ある住宅設備メーカーでは、受注を増やすためのアイデアをみなで出し合っていた最中に、営業成績が部署内で常に最下位の20代の女性社員が「注文を取ってこれないのは、課長や先輩の日頃の教え方が悪いからですよ」と言い出した。この発言には、みな唖然としたようだ。

また、ある飲料メーカーでは、20代の男性社員が、取引先への対応が拙く、先方からクレームが相次いだため、課長から叱責された。それに対して、この男性は「クレーマー体質の取引先を自分に押しつけた課長が悪い」「対応の仕方をちゃんと教えてもらってないんだから、仕方ないじゃないですか」などと逆ギレして、大騒動になったという。

いずれの場合も、仕事ができないのは自分に能力がないせいでも努力が足りないせいでもないと主張するために、都合の悪いことはすべて上司や先輩のせいにしようとしていると考えられる。

「自分は悪くない」「自分の責任ではない」と自己正当化しようとする人は、何かうまくいっていないことが実際にあり、問題が生じている以上、その原因探しをせざるを得ない。しかも、自分の落ち度を決して認めたくないのだから、必然的に他の誰かのせいにして、責任を押しつけることになる。だから、自己正当化と責任転嫁は表裏一体の関係にあることが多い。責任転嫁の対象にされた側は大迷惑である。

部下に責任を押しつける上司

逆に部下に責任を押しつける上司もいる。というか、そのほうが多いかもしれない。たとえば、大手の広告代理店で部長を務める50代の男性は、やたらと会議を開きたがり、終了時間を気にせず自分の感覚でダラダラとしゃべる。厄介なことに、部長の提案に対して部下が少しでも批判したり反対意見を述べたりすると、とたんに機嫌が悪くなり、感情的になって攻撃する。

そのため、部下は賛成するしかなく、会議は部長の提案や意見を追認するだけの場になっている。もっとも、賛成したらしたで、困ったことになる。あるとき、部長が会議で熱心に提案した企画をもとに制作した動画を流したところ、それが炎上して、クレームが殺到した。クライアントからも「なぜこんな動画を作ったのか」という声が代理店上層部に届いたらしく、役員が部長に事情を尋ねた。

すると、部長は役員に「会議で、○○という部下が強引に推し進めたんです。部下の戦略ミスです。私は『大丈夫か？』と疑問を投げかけたんですが……」と言い訳して、部下に責任転嫁したという。

○○と名指しされ、責任を押しつけられた部下としては、「部長が提案したんじゃないですか。僕らは賛成するしかなかったから、そうしただけなのに、こっちの責任にされたら困ります」と言い返したかった。しかし、形だけにせよ賛成したのは事実なので、何も言えないまま泣き寝入りするしかなく、その後極度の人間不信に陥って、精神科を受診しカウンセリングを受けるようになった。

もしかしたら、部長は部下に連帯責任を負わせるために、会議を開きたがり、その場で全員が賛成するように仕向けているのかもしれない。とすれば、批判や反対意見に過剰反応し、感情的になって攻撃するのは、自分の思惑通りにいかなくてイライラするからだと考えられる。

部下への責任転嫁は、もちろん自己保身のためだろう。現在の地位や収入などへの執着も、それを失うことに対する喪失不安も強いからこそ、わが身を守るために、部下に平気で責任を押しつける。

わが身を守りたいという願望は誰にでもあるはずだ。これは、人間が動物であり、あらゆる動物に防衛本能が備わっている以上、仕方がない。だが、防衛本能に由来する自己保身の欲求ばかりが強くなりすぎると、わが身を守るためなら何でもして、罪悪感も良心の呵責《かしゃく》も覚えない自己中心的な人間になりかねない。こういう人間は責任転嫁の達人であり、自分の非は棚に上げ、悪いことはすべて他人のせいにする。

現在の日本社会では、指導的立場にある政治家や企業のトップが、何か問題が起きるたびに「自分は悪くない」と主張し、その根拠を並べ立てる。それだけでなく、他人や別の組織に責任を押しつけようとするのも日常茶飯事だ。責任転嫁の達人ほど出世するという印象を与えることさえあるので、それを見習う人が増えてしまっているのは当然かもしれない。

事例11　不和の種をまく人

私がメンタルヘルスの相談に乗っている食品メーカーで、50代の男性社員が30代の男性社員の胸ぐらをつかみ、「ふざけるな。俺の話をちゃんと聞いとけ」と怒鳴った。その部署の上司が驚いて、こんな騒ぎになった事情を双方それぞれに尋ねたところ、この騒動には、別の50代の男性社員、Aさんがからんでいたことが判明した。Aさんが、胸ぐらをつかんだ男性に、30代の男性社員が愚痴をこぼしていたのを聞いたと告げ口したのだ。

「○○さんが～と言っていた」と吹聴する常習犯

胸ぐらをつかんだ男性は、仕事上のミスを減らすための勉強会を主宰しており、それに胸ぐらをつかまれた30代の男性も参加していた。あるとき、胸ぐらをつかんだ男性が、同期のAさんに誘われて二人で飲みに行ったところ、Aさんから「(胸ぐらをつかまれた男性が)『勉強会なんかやってもミスは減らないのに、出るように勧められるので面倒くさい』と愚痴をこぼしていた」と聞かされたという。

そのことに胸ぐらをつかんだ男性はカチンときていたのか、例の30代の男性が大きなミスをした際に、つい激高して乱暴なふるまいをしたというわけだ。ちなみに、上司が30代の男性にそれとなく尋ねたところ、そんな愚痴をこぼした覚えはないと答えたらしい。

もちろん、誰かが嘘をついているのかもしれないし、自分に都合のいいように事実を少々歪曲《わいきょく》しているのかもしれない。録音していたわけではないので、結局は「言った」「言わない」の水掛け論で終わってもおかしくない。

だが、以前Aさんと同じ部署にいたことがある社員からも話を聞いたところ、Aさんの「○○さんが～と言っていた」という発言のせいでもめたことも、喧嘩になりかけたことも何度もあったことがわかった。

Aさんは一見温厚そうで、いつもにこにこと笑顔なので、つい気を許していろいろ話してしまうのだが、後で自分が言った覚えのないことを「○○さんが～と言っていた」と吹聴されていたと知り、驚いたという社員が何人もいたのだ。

たとえば、女性が二人しかいない部署で、誰もやりたがらない雑用を20代の若い女性社員にやらせればいいと30代の女性社員が言っていたと、Aさんが発言したことがあるそうだ。その話をまた聞きした20代の女性が30代の女性に「どうしてそんなこと言うんですか」と詰め寄ったという。それに対して、30代の女性は「そんなこと言ってないわ」と怒り出し、大喧嘩になったらしい。

この場合、Aさんには雑用を20代の女性に押しつけたい思惑があったが、それを自分自身の意向として伝えると、恨まれそうだったので、30代の女性が言ったことにして責任転嫁した可能性が高い。

あくまでも自分は〝いい人〟のふりをするために、30代の女性を憎まれ役に仕立て上げようとしたわけで、似たようなことは誰でも多かれ少なかれやっているかもしれない。たとえば、おもちゃを買ってほしいと駄々をこねる子どもに母親が「お父さんの許しがないと買えない。お父さんは厳しいから、たぶんダメだと言うと思うよ」と言って、あきらめさせようとするのは、よく使う手だろう。

あるいは、部下が嫌がりそうな仕事を押しつける際に、上司が「これは上の命令だから仕方がない。会社の方針として、どうしても君にやってほしいということだ」と言って説得することもあるかもしれない。上司が部下から恨まれたくなくて、自分より〝偉い人〟や会社を憎まれ役に仕立て上げるわけである。

一方、「勉強会なんかやってもミスは減らないのに……」と30代の男性が愚痴をこぼしていたという嘘の話をでっち上げ、50代の同僚に伝えたことに、雑用を押しつけたいといった類いの思惑があったとは考えにくい。それでは、あえて不和の種をまくようなことをAさんがしたのは一体なぜだろうか。

本人なりの自己保身

Aさんの思惑を理解するには、彼が社内で置かれていた立場に目を向ける必要があるだろう。Aさんは昇進とはまったく無縁で、ずっと平社員のままだった。なぜかといえば仕事が遅いからだ。非常に几帳面で丁寧なのだが、その分時間がかかるので、こなせる仕事量が少ない。若い頃は、「もっと速くしろ」と上司から叱責されていたそうだが、急《せ》かされると焦るのか、仕事が雑になってミスが格段に増えるので、周囲も次第にあきらめてきたようだ。

もっとも、会社に30年以上勤務しているので、それなりの給料をもらっているらしく、「働かないおじさんなのに、給料が高いのはおかしい」と不満を漏らす若手社員や契約社員もいたらしい。このように不満の声があがった一因として、Aさんのこなせる仕事量が少ない分、他の社員に負担がかかっていたこともあるのではないか。

こうした声がAさんに届いていたかどうか、わからない。だが、50代になっても平社員のままのうえ、他の社員と比べて仕事が遅いことも一目瞭然だったので、真っ先にリストラ対象になるのではないかとAさんが危惧したとしても不思議ではない。実際、コロナ禍のせいで取引先だった飲食店の多くがしばらく休業や時短営業に追い込まれて売り上げが激減しただけでなく、ロシアのウクライナ侵攻や円安の影響で原材料費が値上がりしたこともあって、会社の上層部は50代以上の社員のリストラを検討していたそうだ。

このような状況に置かれると、どうしても自己保身願望が頭をもたげてきて、自分以外のリストラ候補を探さずにはいられない。知らず知らずのうちに、自分より劣った人や問題を抱えた人など、もっと〝下〟の人を見つけ出して、「あの人よりは自分のほうがまし」と自らに言い聞かせると同時に、周囲にもアピールしようとする。これは自分自身の心の安定を図るための自己防衛にほかならず、探しても自分より〝下〟の人が見つからなければ、作り出すしかない。

Aさんと同じ部署に、彼より仕事が遅い人はいない。50代以上の社員は、Aさんを除けば胸ぐらをつかんだ男性だけであり、直属の上司も40代である。ちなみに、胸ぐらをつかんだ男性は、仕事はできるが、感情的になりやすく、すぐカッとなるところがあった。そのため、管理職には不向きだろうという上層部の判断によって30代後半以降は昇進が見送られていた。50代になってこの先も昇進の目はないだろうと周囲からは見られていたが、本人は昇進したいという願望が強かったのか、若手をきちんと指導していることを上層部にアピールするためもあって、勉強会を主宰していたようだ。

胸ぐらをつかんだ男性は一応30代までは順調に昇進していたという点で、ずっと平社員のままのAさんとは違う。だから、同じ50代でも自分のほうがましと周囲にアピールするのに、自分のほうが仕事ができることを示すという方法では無理そうだと、Aさんにもわかったはずだ。

となれば、Aさんが自分のほうがましと周囲にアピールするには、胸ぐらをつかんだ男性は感情的になりやすいが、そういう欠点が自分にはないことを示すしかなかったことは容易に想像がつく。だからこそ、30代の男性が勉強会について愚痴をこぼしていたという嘘を、胸ぐらをつかんだ男性に吹き込み、何かの機会に爆発することをひそかに期待していたのだろう。

Aさんのこうしたもくろみは、ある意味では成功したといえる。同じ部署にいる自分の同期がAさんの嘘を真に受け、他の社員の目の前で30代の男性の胸ぐらをつかんで怒鳴るという大失態を演じたことによって、すぐカッとなる欠点を露呈したのだから。

そのおかげでAさんは得をしたことになる。まず、周囲に「(胸ぐらをつかんだ男性とは)できるだけ関わりたくない」「あんなにカッとなる人は怖い」と思わせることに成功し、胸ぐらをつかんだ男性よりもAさんのほうがましと周囲にアピールできた。また、胸ぐらをつかんだ男性は、もめごとを起こしたせいでますます昇進が遠のくかもしれないし、今後リストラの対象にされやすくなるかもしれない。そうなれば、Aさんが自己保身のために弄した策は望み通りの結果をもたらすわけで、胸ぐらをつかんだ男性はAさんにはめられたという見方もできなくはない。

減点主義を逆手にとって不和の種をまく

Aさんが若い頃から「○○さんが〜と言っていた」と吹聴して周囲に不和の種をまいてきたのは、そうすることによって自分が得することを経験的に学んだからだと私は思う。いわば過去の成功体験があったからこそ、同じようなことをずっと続けてきたのだ。

その背景には、とにかく波風を立てないようにすることが日本の多くの企業で重視されてきたことがあると考えられる。聖徳太子以来の「和を以て貴しとなす」という伝統が脈々と受け継がれているのか、できるだけもめごとを起こさないようにすることが何よりも大切とされる。

おまけに、減点主義で評価されることが多く、いくら仕事ができても波風を立てる人は、協調性がないとみなされて上からあまり評価されない。当然、なかなか昇進できず、場合によっては干されたり排除されたりする事態になりかねない。そのためか、仕事で成果を出すことよりも、むしろなるべく問題を起こさないことに汲々《きゅうきゅう》とする人が大多数のように見受けられる。

Aさんもその一人なのではないか。しかも、減点主義を逆手にとり、「○○さんが～と言っていた」という発言によって周囲に不和の種をまくことを繰り返し、その結果もめごとが起こるたびに、ひそかにほくそ笑んでいたのかもしれない。もめごとを起こした人の評価が下がれば、自分自身の評価が相対的に上がると勝手に思い込んでいたとも考えられる。

この手の人はどこにでもいる。「○○さんが～と言っていた」という伝聞調で、○○さんがあたかも悪口を言っていたかのように伝えて、不和の種をまく。そのせいで、悪口を言われたと思い込んだ人物と○○さんの関係が険悪になる、場合によっては実際にもめごとが起こる事態になれば、してやったりだ。陰でにんまりとしながら、不和になった二人の間を取り持つような真似をして、自分の存在感を誇示しようとすることさえある。だから、「○○さんが～と言っていた」という類いの話を決してうのみにしてはいけない。

事例12　他人の秘密を平気でばらす人

従業員が十人程度の町工場に勤務する50代の男性はうつ病で休職中なのだが、「最近また調子が悪くなった」と診察時に訴えた。「どうしたのですか」と尋ねると、勤務先の50代の社長が他の従業員の前でこの男性の噂話をし、「あいつがうつになったのは家族が原因」と言って、次々に降りかかった災難についてべらべらしゃべったと、仲のいい同僚から電話で聞いたという。

本人が隠しておきたい話をべらべらしゃべる

この男性が幼い頃、母親が蒸発し、その後紆余曲折あって両親の離婚が成立。また、彼の弟は10代で自殺しており、彼自身も離婚を経験している。離婚後、この男性は実家に帰って父親と一緒に暮らしていたのだが、その父親が認知症になった。そのため、夜中に大声で叫んだり、近所を徘徊して警察に保護されたりしたことが何度もあり、それが彼のうつ病発症のきっかけの一つにもなった。

こうした経緯を知っているのは、その工場では社長くらいだという。なぜ社長が知っているかといえば、この男性の実家と社長の自宅兼工場は近くにあり、複雑な家庭の事情は近所ではよく知られていたからだ。

しかも、社長はこれまでも休職中の社員を笑い物にすることがあったし、悪口を言うことも少なくなかったそうだ。あるときなど、勤務中に機械に片手をはさまれて指先の一部を失った従業員が労災を申請した理由について、「あいつは嫁さんと離婚話でもめていて、慰謝料や養育費を払うのにお金が要るから、がめつくなった」と笑いながら話したらしい。だから、自分が知られたくないと思っていた秘密を社長がべらべらしゃべったと聞いても、この男性はちっとも驚かなかった。

このように他人の秘密を平気でべらべらしゃべる人はどこにでもいる。私が以前勤務していた病院にも、似たような人がいた。新任の30代の男性医師が来てまもなく、数ヵ月前に着任していた40代の男性医師が「あの先生の奥さんは自殺した」という話を病棟で吹聴した。たしかに、新任の医師の妻は精神疾患を抱えていて、自殺したのだが、その話を病棟中に広めるのはどうかと思った。

本人ができれば隠したいと思っていることを40代の医師に吹聴されたのは、新任の医師だけではない。看護師や事務員なども、「前の病院で不倫していた」「医師との婚約を破棄された」といった話を病棟中に広められたという。この手の話をどこで仕入れてきたのか不明だが、40代の医師が情報通であることはたしかだった。

この40代の医師は、配慮がなさすぎる。そればかりか、言いふらされた本人が困惑しているのを見て、この医師はある種の快感を覚えているような印象さえ受けた。そのため、一体どういう神経をしているのかと疑わずにはいられなかった。

想像力の欠如

社長にせよ、40代の医師にせよ、自分が他人の秘密をばらせば、暴露された本人がどれほどつらい思いをするかということに想像力が働かないように見える。うつ病で休職中の従業員の場合、職場の同僚に秘密を知られたことによって病状がさらに悪化するかもしれないし、復職に恐怖を覚えるかもしれない。妻が自殺した医師の場合も、大切な家族を失った喪失体験による苦悩に加えて、その事実を面白おかしく言いふらされたことによる苦悩も味わったのだから、彼のつらさは察するに余りある。

にもかかわらず、二人とも相手の悲しみや苦しみを想像してみようともせず、むしろその身に降りかかった不幸を笑い物にしている。もしかしたら、他人が苦しんでいるのを見ても同情も憐憫《れんびん》の情も覚えず、それどころか逆に快感を覚えるサディズム的心性の持ち主なのかもしれない。

こういうタイプは、他人の秘密を平気でばらす。しかも、暴露された本人が隠しておきたいと思っていたことほど言いふらす傾向があるように見受けられる。そのせいで本人が苦しみ悩む姿を見ても、罪悪感など微塵も覚えず、陰でほくそ笑む。当然、秘密を暴露することを恥ずかしいとも思わず、反省もせず、面白半分で繰り返す。まさに他人の不幸を蜜として味わう典型といえよう。

事実無根の噂でも平気で流す

社長と40代の医師の場合、べらべらしゃべったことは一応事実にもとづいていた。だが、なかには、事実無根の噂を平気で流す人もいる。

たとえば、不動産会社に勤務する20代の女性社員は、同じ会社の同期の男性と交際していたのだが、あるときから携帯に電話しても出てくれなくなった。そのうえ、社内でたまたま顔を合わせたときも、交際相手は目を合わせないようにして通り過ぎていった。

さらにショックな出来事が追い打ちをかけた。交際相手から突然宅配便が送られてきて、この女性が彼の誕生日やクリスマスなどにプレゼントした品々が詰め込まれていた。おまけに、「出会い系サイトで知り合った男と不倫して、その妻に会社に怒鳴り込まれるような女とはつき合えない」と書かれた、別れを告げる手紙も同封されていたのだ。

この女性はびっくり仰天した。出会い系サイトを利用したことも、不倫したこともなかったからだ。しかし、交際していた男性の手紙から察すると、そういう噂が社内で流れているようだったので、同期の一人に事情を尋ねた。すると、驚愕の事実が判明した。この女性と出会い系サイトで知り合って不倫していたと称する男性の妻が、男性の携帯を盗み見て不倫の事実を知り、夜遅くに会社に怒鳴り込んできたところ、残業でただ一人社内に残っていた経理部のお局社員が「当該の社員はもう退職しましたから、当社とは一切関係ありません」と上手に説明して追い返したと、お局社員自身が吹聴しているというのだ。しかも、「これは秘密だけどね」という前置きをつけて。

話を聞いて、この女性は頭にカーッと血が上った。すぐにお局社員に電話して「なぜ嘘八百を言いふらすんですか」と問い詰めてやろうかと思ったほどだ。だが、そんなことをすれば、さらに何を言いふらされるか、わかったものではないと思い、ぐっと堪えたそうだ。その晩から、怒りと悔しさが込み上げてイライラし、さらに根も葉もない噂をばらまかれるのではないかという不安から眠れなくなって、私の外来を受診した。

お局社員は40代の独身で、とくに若い女性社員に対して厳しく、気に入らない社員がミスを犯すと、厳しく叱責する。しかも、それを後々まで蒸し返し、「あのミスのせいで、みんな大変だったのよ。二度とあんなことがないようにしていただきたいわ」「できない人が一人いると、大迷惑だわ。もっとスキルを磨いていただかないと」などと責める。

とりわけきつく当たられているのが、既婚あるいは男性と交際中の女性らしい。そういう女性からの経費請求には、必ずといっていいほど難癖をつけるため、自腹を切って必要な備品を購入している女性社員もいるほどだとか。そのうえ、「腰掛け気分で会社に来てもらったら困るのよね」などと嫌みを言う。

事実無根の噂を流された女性も、経費請求の際に不快な思いをしたことが再三あった。また、彼女が同期の男性と交際していたことは、社内では割と知られていたらしい。同期との交際に対して、お局社員が羨望を抱いた可能性も十分考えられる。羨望とは、他人の幸福が我慢できない怒りにほかならないので、この幸福をぶち壊してやりたいと思って、とんでもない噂を流したのかもしれない。

「イネイブラー（enabler）」が多い組織の怖さ

私が驚くのは、お局社員が流した噂を社内の多くの人々が信じただけでなく、さらに拡散したことだ。その結果、噂を流された女性の交際相手までがうのみにして、別れを告げた。お局社員の日頃の行状を聞く限り、こんな人の言うことをなぜ信じるのかと首を傾げたくなるが、それなりの理由があるようだ。

まず、お局社員は男性社員には非常に優しいという。若い女性社員に対する容赦ない対応が嘘のように、男性社員、とくに営業職の男性からの経費請求には甘く、とても親切で、面倒見もいい。だから、お局社員を姉のように慕っている男性もいて、噂を流された女性の元交際相手もその一人だった。

しかも、お局社員は管理職には平身低頭で、ゴマすりも上手らしい。この会社では、管理職はほとんど男性で、若い頃からお局社員に優しい対応をされてきたので、彼女を高く買っている管理職も少なくないそうだ。独身のため自分で食べていかなければならないお局社員なりの保身術は功を奏しているわけで、とくに営業職の男性に甘いのも、営業が稼ぎ頭で花形という合理的な理由によるのだろう。

第一、お局社員は勤続年数が長く、仕事もできるため、どうしても周囲から頼りにされる。それほど大きな会社ではなく、離職者も跡を絶たないので、経理に一番詳しいのがお局社員という状況では、結局わからないことがあるたびに彼女に尋ねるしかない。お局社員の機嫌を損ねたら、教えてもらえないかもしれないと思えば、彼女の話を一応聞いておき、決して逆らうまいという心理になりやすい。だから、お局社員が気に入らない社員に対して大人げないふるまいを繰り返しても問題視されずにきたのも、彼女の流す噂を信じる社員が一定数いるのも無理からぬ話だ。

ただ、このような社内の反応は結果的にお局社員のふるまいを許容することになっている。その点で、この会社では社員の多くが知らず知らずのうちに「イネイブラー（enabler）」になっていると考えられる。

「イネイブラー」とは、依存症患者の周囲にいて、薬物やアルコールを購入するお金を与えたり、不始末の尻ぬぐいをしたりする人物を差す。結果的に悪癖を容認し、場合によっては助長してしまうことが少なくない。

この会社の社員の多くも、お局社員が流した根も葉もない噂を信じ、さらに拡散したという点では、彼女の悪癖を容認し、助長する「イネイブラー」になっている。その根底には、他人の不幸や不祥事が面白おかしく語られると、それに快感を覚えるという人間の残酷な一面が潜んでいるのではないか。

以前勤務していた病院で、新任の医師の妻が自殺した話を病棟中に広めた40代の医師を先ほど取り上げたが、その渦中にいて思ったのは、他人の不幸にまつわる話に嬉々として飛びつき、面白がる人がいかに多いかということだ。「他人の不幸は蜜の味」という言葉はまさに真実だと痛感した。

その心理を分析すると、何よりも大きいのは「あの人よりはマシ」と思えることだろう。他人との比較でしか自分の幸福を実感できない人ほど、他人の不幸や不祥事に飛びつくように見えるが、これは自分より〝下〟の人の話が喉から手が出るほどほしいからだろう。裏返せば、「あの人よりはマシ」と思える相手がいなければ心の平穏を保てないわけで、常にそういう対象を探し求めているともいえる。

こういう人はどこにでもいて、すぐに「イネイブラー」になる。そして、「イネイブラー」が多いほど、噂は簡単に広まる。しかも、その真偽など誰も気にせず、ただ面白ければいいという理由で拡散する。その結果、噂を言いふらされた人が心身に不調をきたしたり、出勤できなくなったりする事態を招くこともありうる。もっとも、そういう不幸をむしろ面白がって見ている人さえいる。

私が以前勤務していた病院も「イネイブラー」が多い組織だったが、そのせいで他人の秘密をべらべらしゃべる40代の医師は報いを受けることになった。この医師が病院に勤務するようになった経緯について、「30代の頃に開業医の家に婿入りし、院長におさまったが、通院していた女性患者と不倫して、その患者の夫に怒鳴り込まれ、妻から離婚を突きつけられた。妻の高齢の父親が院長に復帰して、クリニックからも追い出された医師は、高額の慰謝料を払わなければならないという事情もあり、勤務医に戻った」という噂が病棟中に広まったのだ。この噂がどこまで本当なのかは、少なくとも私にはわからなかった。

まもなく、この医師は病院を退職し、別の病院に移った。給料は高いが、入院患者への暴行事件で逮捕者を出したこともある病院だった。いわくつきの病院のうえ辺鄙《へんぴ》な場所にあったので、高い給料を出さないと、来てくれる医師がいないと同業者の間ではささやかれていた。私が勤務していた病院では、病棟中がその話でもちきりで、「やっぱり慰謝料の支払いがあるから、給料の高い病院で働くしかないんだね」と話している看護師もいたが、噂の真偽を気にしている者は一人もいなかった。

事例13　その場にいない人の悪口を言う上司

20代の女性医師は、総合病院の放射線科に勤務しているのだが、診療科の責任者である50代の男性部長が他科の医師の悪口を言うので、閉口している。「○○先生は診断がいい加減で、レントゲンやCTもろくに読めない」「△△先生はオペが下手なくせに、若い医者の前で偉そうにやってみせる」などと悪口を言い、しかも「そうだろ」と同意を求めてくるので、答えに窮《きゅう》するそうだ。

自分も陰で悪口を言われているのではと不安

しかも、同意を求められて仕方なく適当に相槌《あいづち》を打っていたら、部長が他科の医師の悪口を、別の科の医師の前で口にした際、「うちの若い女医さんも同じことを言っていたから、やっぱりあの先生はヤブ医者だよな」と言ったらしい。放射線科で若い女医といえば自分一人しかいないので、それを聞いた医師から「他の科の、それも年上の先生の悪口を言うのはどうなのかな。科が違うといっても、これからいろいろ教えてもらうこともあるだろうし」と、この女性医師はたしなめられたという。

それだけではない。放射線科の技師や看護師、事務職員などの悪口も、本人がいないところで口にする。「撮り方が下手」「気が利かない」「無愛想だから患者の評判が悪い」などと、根拠があいまいな悪口を言う。おまけに、適当に相槌を打っていたら、部長はやはり「うちの若い女医さんも〜と言っていたから」という枕詞をつけて、当の相手に「君の問題を指摘する声が出ているみたいなので、気をつけたほうがいいよ」と注意したようだ。それを聞いた看護師に「あの女医さんは、部長にあることないこと告げ口して、すごく陰険」と言いふらされ、身に覚えのないことだったので、呆然としたとか。

この女性医師は、まだ駆け出しの身で、これから専門医の資格も取得しなければならず、部長に異を唱えるようなことはしにくい立場である。だから、その場にいない人の悪口を聞かされても、適当に相槌を打つしかないのだが、それがこんな結果を招いてしまったので、この職場でこれからもやっていけるのだろうかと不安になり、眠れなくなった。

そのため、私の外来を受診したのだが、話を聞くと、不安の種は他にもあることがわかった。自分も、いないところで、部長に悪口を言われているのではないかという不安にもさいなまれていたのだ。部長が、その場にいない人の悪口を日常的に言っている以上、このような不安を抱くのは当然かもしれない。

不満や怒りは発散したいが、恨まれたくはない

放射線科の部長が、他科の医師にせよ、自分の科のスタッフにせよ、その場にいない人の悪口を言うのは、何らかの不満や怒りを溜め込んでおり、どこかで発散せずにはいられないが、面と向かって相手をけなすようなことをして恨まれるのも仕返しをされるのも嫌だからだろう。

いわば自己保身のためであり、このように、不満や怒りを相手にわかるような形で出すのではなく、わかりにくい形でこそこそと表出するやり方を精神医学では「パッシブ・アグレッション（passive aggression）」と呼ぶ。「受動的攻撃」と訳されることが多いのだが、なぜ「パッシブ（受動的）」と呼ぶかといえば、「積極的（active）」にではなく、「消極的（passive）」に攻撃するからだ。

「パッシブ・アグレッション」の利点は、恨まれるような事態を避けることだけではない。〝いい人〟のふりをすることもできる。少なくとも、「パッシブ・アグレッション」を多用する本人は、悪口の対象である相手にわからないようにこそこそと攻撃しているのだから、その相手と顔を合わせても、作り笑顔で愛想よくしておけば、〝いい人〟と思ってもらえるだろうと考えているに違いない。

そのうえ、自分の部下である若い女性医師をほのめかし、「うちの若い女医さんも～と言

っていたから」という枕詞をつけることによって、部長は自分の言いたいことを言えるし、それに対する相手の矛先が部長自身ではなく、女性医師に向かうようにすることもできる。

こうした利点があることに部長は気づいており、ある程度策略としてやっているのではないか。この女性医師が部長に逆らえない弱い立場であることを踏まえたうえで、「うちの若い女医さん」を引き合いに出しても、それに対する抗議も反撃も彼女にはできないはずだと高を括《くく》っている可能性が高い。実際、部長がその場にいない人の悪口を言っても、彼女は相槌を打つしかないし、その悪口に自分が同意したかのように言いふらされても、反論できない。あげくの果てに、不安や不眠などの症状に悩まされて心療内科を受診したわけで、部長の思惑通りことが運んでいるように見えなくもない。

悪口を言うにしても相手を選ぶ

放射線科の部長は、他科の部長を務めていた某医師の悪口を以前はしきりに言っていたのに、その医師が次の院長候補になっているという噂が広まってから、ぴたりと言わなくなったそうだ。

悪口を言うにしても、その相手を選んでいるわけで、部長なりの打算が働いているのだろう。自己保身を第一に考えており、身を守る術《すべ》を心得ているといえる。裏返せば、とにかく自己中心的で、自分にとって損か得かが唯一の判断基準の人物という見方もできよう。

　こういう人はどこにでもいる。たとえば、スーパーに勤務する50代のパートタイマーの女性は、自分が古株で仕事を熟知していたこともあって、新たに赴任した20代の女性マネージャーが気に入らなかったようだ。そのせいか、マネージャーがいないところで彼女の悪口をしきりに口にし、他のパートたちにも同意を求めていた。ちょうどその場に居合わせた新入りの40代のパートの女性は相槌を打つしかなかった。すると、古株のパートは、この新入りのパートの名前を出し「あのパートさんも、女性マネージャーのことを〜と言っていた」と他のパートたちに言いふらしたという。

　その話が回り回って新入りのパートの耳に入ってきて、彼女は「自分が言ってもいない悪口を、さも言ったかのように言いふらされる職場でやっていけるのだろうか。古株のパートさんに抗議なんかしたら、今度は私の悪口を言われるかもしれないし」と思い悩んで眠れなくなり、私の外来を受診した。

　ところが、ひょんなことから、この女性マネージャーが社長の親戚で、子どものいない社長が後継者として考えているという噂が流れた。社長は、このスーパーの男性社員の一人と結婚させて跡を継がせようと考えているとか、女性マネージャーと男性社員が手をつないで一緒に歩いているところを目撃したとかいう話までまことしやかにささやかれるようになった。

どこまで本当なのかは疑問である。ただ、この噂が流れたとたん、先頭になって女性マネージャーの悪口を言っていた例の古株のパートの態度が豹変した。それまでとは打って変わって、女性マネージャーに愛想よく接するようになったのだ。そればかりか、自分から積極的に女性マネージャーに話しかけるようになり、お世辞まで言うようになったので、同僚のパートたちはあきれているという。

この古株のパートは、自己保身のためにがらりと態度を豹変させるが、そのことに後ろめたさも罪悪感も覚えないようだ。とにかく、現在自分が手にしている地位や収入を失いたくないし、できるだけ居心地のいい環境で働きたいという欲望が人一倍強いので、それを満たすためなら何でもする。

スーパーのパートタイマーという地位はそれほど大したものではないし、そんなに高収入でもないだろうと首を傾げる方もいるかもしれない。しかし、特別な資格も技術も持たない50代の女性が転職先を探すとなると難儀することは目に見えている。また、現在得ている収入が家計を支えている可能性だってある。

となれば、現在の地位や収入を失いたくないという願望が強いだろうし、それに比例して「失ったらどうしよう」という喪失不安も募るだろう。この喪失不安にさいなまれると、

「自分にとって大切なものを失ったら困るから、それを避けるためには何をやってもいい」と自己正当化しがちである。だからこそ、平気で態度を豹変させるのだし、そのことを悪いとも思わない。

当然、相手が持っている権力や影響力を見て態度を変える〝カメレオン〟になりやすく、あまりにも見え見えなので、周囲の反感を買うことも少なくない。だが、そんなことは一切気にしない。逆に、弱い立場に転落したり、出世コースから外れたりした人に対して素っ気ない態度を示すこともあれば、悪口を言いふらすこともある。もっとも、本人の思考回路では「自分にとって何のメリットもない人に丁寧な態度で接する必要も、親切にする必要もない。その人がダメだから批判的なことを言うだけで、言われるほうが悪い」と正当化されていることが多い。

そもそも、その場にいない人の悪口を言い、それを言ったのが「うちの若い女医さん」あるいは新入りのパートであるかのように言いふらしたのも、立場が弱い相手だからだろう。臨床経験を十分積んで専門医の資格をすでに取得した医師や長年スーパーに勤務している正社員の名前を出して、その人が悪口を言ったかのように言いふらすことは決してしないはずだ。

悪口の対象も、悪口を言った当事者として引き合いに出す人物も、強い相手であることはまずない。常に自己保身のための打算が働くからである。

事例14　陰で足を引っ張る人

陰で足を引っ張る人はどこにでもいる。顔を合わせたときは愛想よく笑顔で接しているのに、陰では事実無根の悪い噂を言いふらしたり、誹謗中傷する文書をファックスで送ったりする。面と向かって直接攻撃するわけではなく、遠回しにこそこそと打ちのめそうとするので、その悪意や敵意をなかなか認識できない。そのため、気づいたときには自分が窮地に陥っていることも少なくない。

おべんちゃらの裏に隠されていた悪意

デザイン系企業に勤務する30代の会社員の女性は、同期の女性社員のなかで最初に主任に抜擢《ばってき》されたエースだった。上司に自分の能力を認めてもらっているという自負もあったし、仕事にやりがいを感じてもいた。ただ、部下のなかには自分より年上のパートタイマーや契約社員の女性も何人かいて、やりにくいこともあった。

そんな彼女が仕事の愚痴をこぼすようになった相手は、いつも一緒にランチを食べていた同じ大学出身の20代の後輩女性社員だった。後輩は相槌を打ちながら静かに聞き、ときには「先輩は私の憧れです」「先輩みたいなできる女になりたいなあ」などと言ってくれた。後輩との会話が息抜きになっていた彼女は、やがて愚痴をこぼすだけでなく、新しい企画についての相談までするようになった。

しばらくすると、この女性の周囲で変化が起こり始めた。直属の上司から、些細なことで厳しく叱責されるようになったのだ。一体何が起こったのか理解できず、上司から受けた仕打ちに対する不満や怒りを後輩にぶちまけたこともある。

上司からの仕打ちはますます厳しくなり、ついに「君には、部下を指導する力がない」と言われ、平社員に降格させられた。降格理由を尋ねても、納得する説明は得られなかった。そのため、すっかり自信を失って落ち込み、出勤しようとすると吐き気がするようになってしまった。

心身の不調が続いたため、内科を受診して検査を受けたが、異常は見つからなかったということで、紹介されて私の外来を受診した。診断書を提出して休職することになった彼女は、休職中にさらにショックな事実を知らされた。例の後輩が主任に昇進し、おまけに自分が企画を出していたプロジェクトの責任者に任命されたのだ。その事実を電話で同僚から聞いて、なぜ上司の態度が急に変わったのか、やっとわかったという。

おそらく、後輩は「憧れ」の先輩に取って代わるために、自分が聞いた愚痴や上司に対する不満を多少ふくらませて当の上司の耳に入れていたのだろう。このように、他人から聞いた話に尾ひれをつけて吹聴し、ターゲットを引きずりおろすことによって、自分がのし上がろうとする人間はどこにでもいる。

邪魔者を蹴落とすための怪文書

この手の人間は、自分にとって邪魔な相手を蹴落とすためなら手段を選ばない。事実無根のネガティブ情報を流すのに、もっと手の込んだ方法を用いることも珍しくない。

たとえば、大学の医学部の教授選が行われる前には候補者の悪行を暴露する怪文書が頻繁に飛び交う。だいたい金か異性にまつわる悪い噂で、どこまで本当なのか、わからない。それでも、その怪文書のせいで大本命と目されていた医師が落選して、別の医師が教授に就任することもあるので、やはり効果があるのだろう。

怪文書が、知事や市長、議員などの選挙の前に出回ることもあるし、出馬予定の候補者の悪行が週刊誌で報じられることもある。そういうネガティブ情報のせいで立候補を断念したり、落選したりすることは実際にあるようだ。だからこそ、選挙の前になると対立候補のスキャンダルを血眼になって探し、なければでっち上げてでも悪い噂を流すのかもしれない。

似たような話はどこでも耳にする。たとえば、広告会社に勤務する30代の男性会社員は、プロジェクトリーダーに抜擢されかけたが、上司から突然「残念だが、その話はなくなった」と告げられた。信じられなくて、理由を執拗に問いただしたところ、「君が取引先の社長の妻と不倫していて、それに気づいた社長が君に慰謝料を請求し、当社との取引を中止しようとしているというファックスが届いたんだ。大切なお得意様だから、君を抜擢するわけにはいかない」という答えが返ってきた。

まったく身に覚えのないことだったので、この男性は「不倫なんかしていません」と釈明しようとした。だが、上司は「火のないところに煙は立たないからね。お得意様との間になるべく波風を立てたくないという当社の方針は、君もわかっているはずだ」と取り合ってくれなかった。しばらくして、彼の同期の男性がプロジェクトリーダーに抜擢されたので、この同期がファックスを会社に送ったのではないかと疑っているという。しかし、その証拠はない。第一、ファックスの発信元を特定できない以上、何もできない。

ファックスで送りつけられた文書のせいでチャンスを逃したという話は、元女性アナウンサーからも聞いた。以前勤めていたテレビ局で情報番組の司会の話がきて喜んでいたのだが、その話がつぶれたので、上司に理由を尋ねた。すると、彼女の不倫を告発するファックスがテレビ局に送られてきたことが判明した。身に覚えがなかった彼女は、釈明しようとした。

しかし、上司からは「たとえ真偽不明でも不倫の噂が流れたアナウンサーを使うことをスポンサーは嫌がる。上層部はスポンサーが離れることを何よりも恐れているので、仕方ない」という答えが返ってきた。

その後、先輩の女性アナウンサーが司会の座を射止めたので、ファックスを送ったのはこの先輩ではないかと疑わずにはいられなかったという。テレビ局を退職した今でも、この疑惑を払拭できないが、証拠がない以上、どうすることもできない。

二人とも、事実無根のネガティブ情報を流され、結果的に大きなチャンスを逃す羽目になった。それだけ、邪魔者を排除するために送りつけられた文書に破壊力があったのだろう。コンビニから送信すれば、誰が送ったのか特定されにくいファックスは、自分が〝告発〟したことを知られたくない人にとって最適のツールといえる。

合理的思考を妨げる羨望

怖いのは、こういうことをしても必ずしもその人自身が得をするとは限らないのに、実行する人間がいることだ。先輩を蹴落としたからといって自分が主任に昇進できるとは限らない。同期を蹴落としたからといって自分がプロジェクトリーダーに抜擢されるとは限らない。後輩の女性アナウンサーを蹴落としたからといって自分が司会になれるとは限らない。それでもネガティブ情報を流して引きずりおろそうとする。

ときには、そういうことをする張本人に一体どんな得があるのかと疑いたくなるような場合でも、足を引っ張る。たとえば、保険代理店に転職したばかりの20代の営業職の女性は、以前の勤務先で無断欠勤して退職したという事実無根の噂を言いふらされた。

この保険代理店は、基本給が非常に低く、完全歩合制に近い給与体系になっている。しかも、毎月誰がどれだけの契約を取ってきたかがグラフで示され、順位もつけられる。転職したばかりの女性は営業成績が非常によく、だいたい3位以内に入っていたので、職場も営業職も自分に合っていると感じ、毎日張り切って出勤していた。

ところが、転職してから数ヵ月後、同僚の営業職の女性に「あなた、以前いた会社で無断欠勤したんだってね」と言われた。まったく身に覚えのないことだったので、「そんなことしたことありません」と言い返したが、「やましいところのある人ほど、そんなふうに否定するのよね」と言われ、周囲にいた数人の女性からもどっと笑い声があがったという。

ちなみに、この保険代理店では営業職はすべて女性だった。

それ以来、他の営業職の女性からも「無断欠勤したんだってね」と言われるようになり、出勤しようとすると吐き気や動悸が出現するようになったので、私の外来を受診した。処方された抗不安薬を頓服として服用しながら、何とか勤務を続けていたが、嫌気が差して、1年も経たぬうちに外資系の完全歩合制の保険会社に転職し、現在はバリバリ稼いでいる。

転職してきたばかりの若い女性が無断欠勤したという根も葉もない噂を流した人にも、その噂を本人に面と向かって言った人にも、一体どんな得があるのだろうかと疑問を抱かずにはいられない。事実無根の噂を流した張本人が誰かはだいたいわかったそうだが、その女性にせよ、面と向かって「無断欠勤したんだってね」と言った女性にせよ、みな営業成績はずっと下のほうだったという。

営業成績が上位で、転職してきたばかりの女性とトップを争っていた女性が、事実無根の噂を流したのであれば、ライバルを蹴落として自分が一番になりたかったのだろうと、その動機を理解できなくもない。しかし、営業成績がさえず、最下位に近いあたりをうろうろしていた女性がこういうことをして一体何の得があるのだろうか。事実無根の噂を流された女性が退職したからといって、自分の営業成績が伸びるわけではない。せいぜい順位が一つ繰り上がるくらいだろうが、それでも成績が底辺であることに変わりはないはずだ。

　とくに、面と向かって悪い噂をぶつけるようなことをすれば、恨まれるかもしれないし、場合によっては仕返しされるかもしれない。損か得かで考える合理的思考の持ち主ほど、このようなふるまいは決してしないはずだ。

　にもかかわらず、事実無根の悪い噂を流したり、その噂を本人にぶちまけたりするのは、転職してきたばかりの若い女性に対する羨望、つまり他人の幸福が我慢できない怒りに突き動かされているからだろう。

　冒頭で取り上げた20代の後輩社員も、怪文書をファックスで送ったと思しき同期の男性や先輩の女性アナウンサーも、やはりターゲットに対して羨望を抱いていた可能性が高い。

　羨望はヒリヒリと身を焦がす感情なので、この感情をかき立てる相手が手にしている幸福を破壊してやりたいという欲望が募りやすい。そのため、自分がやったと発覚しにくい手段にせよ、自分の仕業とばれるリスクを伴う手段にせよ、羨望の対象の幸福をぶち壊そうとする。

　思惑通りにいって、相手が悲しんだり悔しがったりする姿を見ると、しめしめとほくそ笑む。まさに、「他人の不幸は蜜の味」という言葉通りだ。しかし、ターゲットにされた側に能力があり、それ相応の努力もできると、外資系の保険会社に転職した女性のように、ピンチをチャンスに変えて成功し、見返すことだってできる。まさに典型的な「幸福こそ最大の復讐」といえよう。

事例15　ストーカー化する人

職場恋愛も職場結婚も昔からあり、昭和の頃には社内の若い男女の見合いを積極的に御膳立てする世話好きな上司さえいたものだ。だから、職場で交際相手や結婚相手を探すことが一概に悪いとはいいきれない。だが、なかには、自分の一方的な恋心を募らせたあげく、相手の意思を確認せずに、「相手も自分に好意を抱いているはず」と思い込んで暴走し、ストーカーまがいの行為を繰り返す人もいる。

40代の未婚女性がストーカーに

ある製造業の会社で、20代の男性社員が「40代の女性社員が怖くて出勤できない」と上司に訴えたため、産業医が事情を聞くことになった。この男性は大学卒業後数年間別の会社に勤務した後、最近この会社に転職してきたのだが、経理事務担当の40代の女性社員に自宅まで押しかけられたという。

　この女性は独身で、高校卒業後入社してから経理事務一筋だったので、経理には社内の誰よりも精通しているらしい。そのため「経理でわからないことがあれば彼女に聞け」と上層部も言っているほどで、新人教育を担当することもあるそうだ。転職したばかりの男性に研修期間中経理事務に関することを教えたのも、この女性だった。

　男性は、この女性が懇切丁寧に教えてくれたうえ、しばしば手作りのお菓子を持ってきてくれたので、断るのも悪いと思い、遠慮せず食べたという。研修が終わって営業部に配属された後も、この女性が営業部までわざわざお菓子を持ってきてくれたことが何度もあるらしい。また、経費請求の書類を経理部まで持っていくと、この女性が必ず出てきて満面の笑みで対応し、ときにはやはりお菓子を渡してくれることもあったようだ。だから、男性としては、とても親切な先輩だと思い感謝していた。

　ところが、ある日曜日の夕方、自宅で交際相手の女性とくつろいでいたところ、インターホンが鳴ったので、玄関に出てみると、40代の女性がすごい剣幕で立っていた。そして、「あんたは私と結婚するはずだったのに、裏切ったわね。若い女と手をつないでその辺を歩いたりして、ひどい。私があんたのために作ったお菓子の材料代を返せ」と怒鳴ったという。そのうえ、一緒にいた20代の交際相手にも「あんたが私の許嫁《いいなずけ》をたぶらかしたのね。

この尻軽女め」と暴言を吐いたらしい。

男性のほうは、40代の女性と結婚するつもりなど毛頭なく、許嫁という認識も微塵もなかった。もちろん、交際していたという認識もまったくなかった。だから、ただ呆然とするばかりでパニック状態になり、玄関のドアをバタンと閉めてしまった。

その後も40代の女性は、ドアをドンドン叩いていたが、しばらくすると静かになった。しかし、待ち伏せされていたらどうしようという恐怖のほうが強く、男性も交際相手も外には出られず、なかなか寝つけなかった。翌朝、出勤しようとしたものの、会社で40代の女性と顔を合わせることを考えると怖くてたまらず、激しい動悸を感じた。そのため、上司に電話して事情を説明し、「しばらく休みたい」と伝えたところ、産業医と面談するよう指示された。

一方的な思い込みから暴走

自宅に押しかけられた男性との面談の際、産業医が交際の有無について尋ねると、「交際なんかしていないわけがない。連絡先さえ教えてない。第一、自分の母親と年齢が近い女性に恋愛感情を抱くわけがないじゃないですか。ただ、親切なおばさんと思っていただけ。お菓子だって、好きでもないけど、断るのも悪いと思って受け取った。側でじっと見つめられると食べないわけにもいかないし」という答えが返ってきた。

しかも、交際相手とは大学時代からつき合っているという話だったので、40代の女性が「結婚するはず」とか「許嫁」とか主張したのは、思い込みによる可能性が高いと産業医は判断した。そこで、自宅謹慎処分を受けていた女性を呼んで面談したところ、「私は悪くない」の一点張りで、「(20代の男性が)私に好意を抱いていたのは明らかで、結婚も考えていたはず。それなのに、日曜日に若い女と手をつないで歩いているのを見かけたので、裏切られたと思った」と訴えた。

困り果てた産業医は、私が勤務しているクリニック宛に紹介状を書き、この女性は私の外来を受診した。しかし、最初から「私はこんなところ(精神科)に来るような人間ではありません。会社の上司も産業医も私が悪いと決めつけているけど、私は全然悪くない。私に好意を抱いていたのに、裏切った向こう(20代の男性)が悪い」と主張し、診察を受けること自体に拒否的だった。

まあまあとなだめて、20代の男性が彼女に好意を抱いていたと考える理由を尋ねたところ、「私に話しかけるときはいつも笑顔だった」「私が作ったお菓子を本当においしそうに食べてくれた」「私と目が合うことが多かった」といった答えが返ってきた。いずれも、20代の男性が彼女に好意を抱いていると判断する根拠としてはきわめて希薄なように思われる。

経理事務について教えてもらったり、経費請求の書類を提出したりする際、なるべくいい印象を与えようと笑顔で接するのは当然だ。また、先輩がわざわざ作ってきてくれたお菓子をおいしそうに食べないと、機嫌を損ねてしまうかもしれない。だから、この男性なりの処世術のように私の目には映るが、そうは考えられないらしい。

そもそも、相手から連絡先も教えてもらっていないし、告白もプロポーズもされていないのに、交際さらには結婚にまで発展しうるのかという疑問を私が口にしたところ、「私たちは純愛でプラトニックな関係なんです」という答えが返ってきた。

男性の自宅の場所がわかった理由について尋ねると、日曜日に男性が若い女性と一緒にいるところを偶然見かけたので、腹が立って跡をつけたと話した。もっとも、この女性が社内のデータベースにアクセスし、男性の個人情報を盗み見た形跡があると、産業医からの紹介状には記載されていた。

この女性は、20代の男性が自分に好意を抱いているはずと思い込んでいるようだが、客観的な根拠があるとは到底考えられない。第一、当の男性が彼女に対する恋愛感情を否定しており、結婚を前提に大学時代から交際している相手もいるので、この女性の一方的な思い込みである可能性が高い。

しかも、産業医からの紹介状には、この女性は以前も同じ経理部にいた30代の既婚男性の自宅まで押しかけ、妻に向かって「あんたの旦那が本当に愛しているのは私だから、すぐに別れて」と叫んだことが記載されていた。騒動の後、産業医が双方に事情を聞いたところ、男女の関係はなかったことがわかった。この女性の思い込みがかなり強く、男性と同じ電車で通勤するために遠回りまでしていたことも判明した。何とか穏便にすませようとした上司の配慮で、この既婚男性は妻子を連れて海外の支社に転勤したという。

ストーカーに多い現実認識のズレ

自分が好意を抱いている男性の自宅まで押しかけるストーカーまがいの行為を繰り返し、相手も自分に好意を抱いていると思い込んでいるので、この40代の女性の現実認識はかなりズレているといえる。

こうした現実認識のズレはストーカーの多くに認められ、しばしば次の三つの形で表れる。

①都合のいいように現実を歪曲

②「幻想的願望充足」

③高すぎる自己評価

まず、この女性もそうだが、ストーカーは自分に都合のいいように現実を歪曲する。手作りのお菓子を渡されて、むげに断るわけにもいかないので、20代の男性は受け取り、おいしそうに食べただけなのだろうが、それを40代の女性は「自分に好意を抱いているから」とねじ曲げて解釈している。

こうした曲解は、一方的に恋愛感情を抱いてつきまとうストーカーのほとんどに認められる。いくら相手から嫌がられても拒否されても、男性のストーカーなら「あの女性は恥ずかしがっているだけで、本当は僕のことが好きなのだ」、女性のストーカーなら「あの男性が私とつき合わないのは、私が高嶺の花で手が届かない存在だと思っているから」などと曲解する。そして「向こうが照れているのだから、こちらから近づいていかなければ」と考え、ストーカー行為を繰り返す。

このような曲解は、「〜だったらいいのに」という願望と現実を混同する「幻想的願望充足」によるところが大きい。「相手も自分を愛してくれたらいいのに」という願望が強すぎるあまり、「相手も自分を愛している」という幻想を抱き、それがあたかも現実であるかのように思い込む。

場合によっては、ここで取り上げた40代の女性のように、「20代の男性と結婚できたらいいのに」という願望と現実に「結婚できる」ということを混同し、相手を「許嫁」「運命の人」などと認識する。もっとも、実際には自分の願望通りになるわけではないので、目の前の現実を受け入れられない。いや、むしろ受け入れたくないので、怒りや恨みを募らせて攻撃的になるのだ。

さらに、自己評価が高すぎるストーカーもいる。客観的評価とは関係なく、「僕は優秀」「私は美人」などと思い込んでいるので、相手から拒絶されると余計に腹が立つ。「こんな優秀な僕の誘いを断るなんて」「こんな美人の私を振るなんて」と怒りを爆発させ、暴走する。

実は、この40代の女性も、自分は美人で20代に見えると勘違いしているふしがあるように見受けられる。若い頃はそれなりに美人だったのかもしれないが、実際には年齢相応にシミやしわがあり、しかも太っているので、婚活でも苦戦しているようだ。にもかかわらず、本人の自己認識は違う印象を受ける。だから、怒りは「己《おのれ》に対する過大評価」（『怒りについて 他二篇』）から生じるという古代ローマの哲学者、セネカの言葉は、まさに彼女を含めたストーカーの心理を的確に言い表していると痛感する。

「エロトマニー（érotomanie）」の可能性

この40代の女性は、単なる思い込みあるいは勘違いのレベルを超えて、実は「エロトマニー（érotomanie）」を抱いているのではないかと精神科医としては疑いたくなる。「エロトマニー」とは、相手から愛されているという妄想、つまり「恋愛妄想」である。

ちなみに、妄想と精神医学的に呼べるのは、現実離れした不合理な内容であっても、本人が真実と確信しており、訂正不能な場合に限られる。40代の女性は、客観的な根拠もないのに自分が相手から愛されていると確信しており、それに疑問を投げかけられても頑として受けつけないので、やはり妄想を抱いている可能性が高い。

しかも、精神科受診時の拒否的な態度に如実に表れているように自分が病気であるという自覚、「病識」もないので、服薬なんて論外だ。もちろん自分が悪かったという認識も皆無である。こうした見解を紹介状への返事に書いて産業医に送付した。

すると、上司と産業医は相談して、自宅に押しかけられた男性を遠方の支社に転勤させることにした。この男性は、当初「なぜ何も悪いことをしていない自分が転勤しなければならないのか」と抵抗していたが、40代の女性がこれ以上暴走すると何をするかわからないという恐怖があったのか、渋々転勤を受け入れたそうだ。

一方、40代の女性に対しては、この騒動以降新人教育を担当させないことにしたという。

自分が一方的に恋心を募らせた男性の自宅にまで押しかけることを繰り返しているので、警察に通報されても、会社から解雇されても不思議ではないと個人的には思う。しかし、会社の上層部としては、この女性が解雇されたことを逆恨みして、何をするかわからないという危惧があったようだ。また、経理に精通している彼女を辞めさせて、すぐに後任が見つからなかったら、業務に支障をきたす恐れもあるので、苦しいながらも穏便にすませる選択をしたと聞く。

もっとも、社内の男性と一切接触させないようにすることも、一方的に恋心を募らせるのを防ぐこともできない以上、今後もストーカー化する可能性は十分あると考えられる。

なお、統計上ストーカーは男性のほうが女性よりも圧倒的に多いのだが、精神科医である私が職場で相談を受けるのは女性のストーカーに関するものが多い。男性のストーカーにつきまとわれたり、待ち伏せされたり、自宅に押しかけられたりした女性は、身の危険を感じて110番通報し、警察沙汰になることが多いからかもしれない。

第２章　なぜ職場を腐らせる人は変わらないのか

まず肝に銘じておかなければならないのは、職場を腐らせる人を変えるのは至難の業ということである。ほとんど不可能に近いといっても過言ではない。その理由として次の四つが挙げられる。

①たいてい自己保身がからんでいる
②根底に喪失不安が潜んでいる
③合理的思考ではなく感情に突き動かされている
④自分が悪いとは思わない

①たいてい自己保身がからんでいる

平社員が叱責されてパワハラと騒ぐのも、不和の種をまくのも、責任転嫁するのも、あるいは上司が部下に過大なノルマを押しつけるのも、根性論を持ち込むのも、相手によって態度を変えるのも、煎じ詰めればわが身を守るためだろう。少なくとも本人は、そうすることが自分の身を守るためになると思っており、たいてい自己保身がからんでいる。

もちろん、自己保身のためと思っているのは本人だけで、長い目で見れば必ずしもそうはならず、むしろ逆効果の場合も少なくない。たとえば、過大なノルマを押しつけたり根性論を持ち込んだりして、部下に発破をかければ、業績があがって上層部から認められ、わが身も安泰と上司は思っているのかもしれないが、実際にはそんなに単純ではない。

過大なノルマを押しつけられた部下が窮余《きゅうよ》の一策として不正に手を染め、それが発覚して大問題になれば、管理責任を問われるかもしれない。場合によっては、不正を指示したのではないかと疑われかねない。また、根性論を「バカの一つ覚え」のように繰り返す上司に嫌気が差して、部下がどんどん辞めれば、日常業務を回すことさえできなくなり、業績うんぬんどころではなくなるかもしれない。

こうしたリスクが伴うことをあらかじめ想定しておかなければならないはずだが、当の本人は一切考えておらず、発破をかければかけるほど、部下が奮起して頑張り、それに比例して業績もあがるはずと思い込んでいることが多い。このような単細胞につける薬はない。

そもそも、自己保身願望は防衛本能に由来し、人間が動物である以上、誰にでも多かれ少なかれ備わっている。だから、本人が追い詰められ、ピンチと感じるほど、知らず知らずのうちに自己保身願望が頭をもたげる。そして、自分を守るためになると思えることなら何でもやらずにはいられない。手負いの獣が死に物狂いで戦うのと似ている。

それが結果的に他人を傷つけたり、周囲に迷惑をかけたり、場合によっては法に触れたりする事態を招いても、「自分を守るためには仕方がない」と正当化する。「自分を守るためには何でもする」という必死さが「自分を守るためなら何をしてもいい」という理屈に転換されることだってあるだろう。そうなれば、罪悪感も良心の呵責も覚えずにすみ、心穏やかでいられる。

自分から喧嘩を仕掛けておきながら「自分を守るためには仕方がない」と正当化する人と同じ心理が働くわけで、自分が悪いとは思わない。当然、反省も後悔もしないわけで、こういう人を変えるのは至難の業だ。だからこそ、自己保身がからんでいると実に厄介なのである。

②根底に喪失不安が潜んでいる

自己保身願望の根底に喪失不安が潜んでいると、自己正当化に拍車がかかるので、さらに厄介だ。ほとんどの場合、「失うのではないか」「失ったらどうしよう」という不安の対象になるのは、本人が管理職であろうがパートタイマーであろうが、現在の地位や収入である。それが本人にとって大切であるほど、喪失不安が強まり、「自分にとって大切なものを失ったら困るから、それを守るためには何をやってもいい」という自己正当化の心理が働く。これが怖い。

その怖さは、過去の歴史を振り返れば一目瞭然だ。いかに多くの戦争が、領土や住民、資源や財産など、かけがえのない大切なものを守るためには、やむを得ないという口実で引き起こされてきたことか。開戦に際して、大衆の喪失不安をかき立てるプロパガンダが盛んに行われた例は枚挙にいとまがない。喪失不安が強くなるほど、たとえ攻撃であっても正当化しやすいので、戦争を始めたい為政者からすれば思う壺だろう。

しかも、否が応でも喪失不安をかき立てられるのが現在の日本社会だ。特別な技術も資格もコネもない40代以上の人が一度職を失うと、同等の収入と待遇が保証される職を見つけるのは難しい。だからこそ、「わが身を守るためには仕方がない」と自己正当化して、他人を蹴落とすために陰で足を引っ張ることも、自分自身の落ち度が問われるのを避けるために責任を転嫁することも平気でやるのではないか。

たしかに、コロナ禍が喪失不安を激化させたことは否定しがたい。だが、新型コロナウイルスの流行以前から、「斜陽産業」と呼ばれていた百貨店や新聞社などでは人員削減の動きがあった。コロナ禍を経て、かつては「花形産業」として羨望のまなざしが向けられていたテレビ局でも、早期退職を募集するようになった。これでは、喪失不安にさいなまれる人が多いのも、そのせいで心身に不調をきたす人が跡を絶たないのも無理もない。

おまけに、日本の企業には、事実上、社内で仕事を見つけられない、いわゆる「社内失業者」が四〇〇万人もいるという。これは企業に雇用されている正社員の１割に相当する数らしい（『貧乏国ニッポン――ますます転落する国でどう生きるか』）。

社内失業者が多い最大の原因として、雇用の流動性が低いことが挙げられる。日本型雇用の３本の柱だった年功序列賃金、終身雇用制、企業別組合は、いずれも維持するのが困難になったが、人材が過剰となっているところから、人材が足りないところへの移動、つまり転職は欧米ほど活発にはなっていない。いまだに、「勤める会社をたびたび変わると、履歴書が汚れる」と思い込んでいる人もいるようだ。

そのせいか、最近は飲食業や建設業などで「空前の人手不足」といわれており、一部では「人手不足倒産」まで起きているにもかかわらず、そういう業種への人材の移動が必ずしも盛んに行われているわけではない。接客の現場に立ったり肉体労働に従事したりすることを忌避する心理が働くのかもしれないが、低い雇用流動性を示す徴候の一つのように見える。

このように雇用の流動性が低く、社内失業者が多いと、何としても今いる職場にしがみつくしかないという心境に傾きやすく、どうにかしてしがみつきたいと願うだろう。それがいいか、悪いかは別にして、辞めたら次がないのだから、そうするしかないと考えるのは、わからなくもない。とくに、リストラの脅威をひしひしと感じている人ほど、同期を引きずりおろすことや邪魔者を蹴落とすことも、自分の椅子を守るためには仕方がないと正当化するはずだ。

たとえば、第1章事例11で紹介した不和の種をまく50代の男性社員、Aさんは、周囲の目には「働かないおじさん」のように映っており、社内失業者といっても過言ではない。それをAさん自身も薄々自覚しているからこそ、喪失不安にさいなまれ、「○○さんが〜と言っていた」と吹聴して社内に波風を立てる常習犯になったとも考えられる。

その背景には、自分の部署で「最下位になりたくない」という願望も潜んでいるように見える。所属集団内で最下位になることを避けようとする傾向は誰にでもあるが、これは相対的な優位性を確保すると同時に自分の椅子を守るためであり、優越感と安心感を覚えて精神の安定を保とうとする自己防衛にほかならない。

このような傾向は、自分が周囲から見下されているのではないかとか、集団から排除されるのではないかとかいう不安に比例して強くなる。だから、自分が崖っぷちにいると感じるほど、他の誰かを引きずりおろすような真似をしがちである。リストラへの不安にさいなまれており、〝崖っぷち感〟が強そうなAさんは、最下位になりたくない一心で、不和の種をまくことを繰り返しているのではないだろうか。

③合理的思考ではなく感情に突き動かされている

自己保身のためなら何をしてもいいという思考回路は、自分の損得しか考えておらず、きわめて自己中心的だ。しかし、裏返せば「そんなことをすると、長い目で見ればあなたにとって損になりますよ」と説得したり、なるべく喪失不安を刺激しないように気をつけたりすれば、一連のふるまいを改めさせることができる可能性があるともいえる。

損得勘定が判断基準になっている利己的な人の根本にあるのは、「何が自分にとって得になるか」という現実原則なので、ある意味では合理的思考にもとづいている。だから、合理的な利己心に働きかければ、少なくとも実害を減らすことはできるはずだ。

ところが、職場を腐らせる人のなかには、必ずしも合理的思考にもとづいているわけではないタイプがいる。その典型が羨望や嫉妬に突き動かされている人である。

何にでもケチをつける人や事実無根の噂を平気で流す人、あるいは陰で足を引っ張る人の根底にはしばしば羨望が潜んでおり、ときには嫉妬もからんでいる。羨望は他人の幸福が我慢できない怒りであり、嫉妬は自分の幸福を奪われるのではないかという喪失不安だが、いずれも非常に陰湿な感情である。

このような陰湿な感情を自分が抱いているのは恥ずべきことであり、誰だって認めたくないだろう。だから、自身の感情からどうしても目をそむけがちである。厄介なことに、こうした感情は往々にして合理的思考を妨げるので、たとえ自分には何の得もなくても、ときには損する恐れがあっても、他人の幸福をぶち壊そうとする。

たとえば、邪魔者を蹴落とすために事実無根の悪い噂を流すのは、かなりリスクを伴う行為である。ターゲットにされた側は、自分が引きずりおろされないように犯人探しに躍起になるだろう。そして、自分をおとしいれようとした犯人の特定に至り、「あいつに嘘八百を言いふらされた」と吹聴する可能性も十分考えられる。そうなれば、卑劣な手段で他人の足を引っ張ろうとした卑怯者として周囲から白い目で見られるかもしれない。最悪の場合、仕返しも覚悟しておかなければならない。

第一、邪魔者を蹴落としたからといって、必ずしもその後釜に自分が座れるとは限らない。羨望の対象だった他人の幸福を自分が手にできる保証もない。にもかかわらず、他人の幸福をぶち壊そうとするのは、陰湿な感情に突き動かされて、悪意の塊のようになっているからだろう。

悪意を「自分が得をするためではなく、相手が得をしないように他者の願いの邪魔をすること」と定義したのは、古代ギリシャの哲学者、アリストテレスである（『悪意の科学――意地悪な行動はなぜ進化し社会を動かしているのか？』）。羨望や嫉妬のような陰湿な感情に突き動かされて職場を腐らせる人は、他者の欲望を満足させないためには何でもするし、それがうまくいくと快感を覚えるようにさえ見える。その胸中には、まさにアリストテレスが定義した悪意が潜んでいるとしか思えない。

このような悪意を秘めた人を相手にすると、理屈も駆け引きも通じない。合理的な利己心の持ち主は、自己保身しか考えておらず、損得ずくで動くとはいえ、そちらのほうが多少は話が通じるので、まだましと思えるほどである。

④自分が悪いとは思わない

職場を腐らせる人を変えるのが困難な一因として、自分が悪いとは思わないことが挙げられる。第1章で紹介した事例の多くは、周囲が注意しようが、辟易しようが、同じことを繰り返している。これは、受信器の感度が少々低いせいではないかと疑いたくなるが、それだけではないだろう。自分の落ち度を決して認めたくなくて、自己正当化のメカニズムが働くせいでもある。

自己正当化は嘘よりも厄介だ。なぜかといえば、嘘をついている人には、その自覚があるが、自己正当化は知らず知らずのうちに行われ、その自覚がないからだ。当然、自分が悪いとは思わないし、反省も後悔もしないので、同じことを繰り返す。この傾向、つまり反復強迫は、自己正当化が功を奏して周囲から許容されたり黙認されたりした過去の成功体験が大きいほど強まるように見受けられる。

もっと厄介なのは、自分には「例外」を要求する権利があるという思いが確信にまで強まっているタイプであり、フロイトは〈例外者〉と名づけた（「精神分析の作業で確認された二、三の性格類型」）。〈例外者〉は、法律あるいは世間一般の常識では許されないようなことでも自分だけは許されると思い込みやすい。

もちろん、通常はそんな「例外」を認めてもらえるわけがない。そこで、自分だけが「例外」を要求することを正当化する理由が必要になる。それを何に求めるかというと、ほとんどの場合自分が味わった体験や苦悩である。

このような体験や苦悩の責任は自分にはないと〈例外者〉は考える。必然的に、自分には責任のないことで「もう十分に苦しんできたし、不自由な思いをしてきた」のだから、「不公正に不利益をこうむった」分、「特権が与えられてしかるべきだ」との認識を持ちやすい。

ここで重要なのは、本人が味わったと主張する体験や苦悩が、客観的に見てどうかはあまり意味がないことだ。〈例外者〉は、自分の体験や苦悩が耐えられないほどつらく、過酷だったので、自分だけは「例外」を要求しても許されると思い込んでいる。だから、普通の人なら遠慮するようなことでも、自分だけは実行する権利があり、許されて当然と考える。あるいは、みなに課されている義務であっても、自分だけは免除してほしいと要求する。その結果、職場を腐らせることを繰り返し、いくら迷惑をかけても、自分が悪いとは思わない。もちろん、決して謝らない。

一番厄介な「ゲミュートローゼ（Gemütlose）」

輪をかけて厄介なのが、ドイツの精神科医、クルト・シュナイダーが「ゲミュートローゼ（Gemütlose）」と名づけたタイプである。「ゲミュート（Gemüt）」とは、思いやりや同情心、羞恥心や良心を意味するドイツ語であり、そういう高等感情が欠如している人が「ゲミュートローゼ」だ。シュナイダーは「ゲミュートローゼ」を「精神病質人格」の一種とみなしている（『精神病質人格』）。

「ゲミュートローゼ」は、日本語では「情性欠如者」と訳される。「ゲミュートローゼ」は罪悪感を覚えることを徹底的に拒否し、反省も後悔もしない。もちろん、良心がとがめることも一切ない。

実は、政治家や実業家などの社会的成功者にも「ゲミュートローゼ」は少なくない。「ゲミュートローゼ」の成功者は、「嫌な奴ほど成功する」ような印象を与えることさえあるが、この印象はあながち間違いとはいえない。

その最大の原因は、意志が非常に強く、他人の屍《しかばね》を超えてすら己の信じる道をひたすら突き進むことだろう。これは、「目的を貫徹するためには（目的は自我的のものと限らず、純粋の理想のこともある）、他人がどう思おうと、どうなろうと、意に介しない」からだ（『臨床精神病理学序説』）。

異常に意志が強いうえ、罪悪感や自責の念に耐えることを徹底的に拒否する「ゲミュートローゼ」は、アメリカの精神科医、M・スコット・ペックが指摘したように、「自分の罪悪感と自分の意志とが衝突したときには、敗退するのは罪悪感であり、勝ちを占めるのが自分の意志である」という状態になりやすい（『平気でうそをつく人たち――虚偽と邪悪の心理学』）。

部下に過大なノルマを押しつけたり根性論を持ち込んだりして、退職、場合によっては自殺という深刻な事態にまで追い込んでも、上司が自分には一切責任がないかのようにふるまうことがままある。この手の上司も、実は異常に意志が強く、罪悪感とは無縁の「ゲミュートローゼ」なのかもしれない。

さらに、ペックは「自分自身の罪深さに目を向けることのできない、あるいは目を向けようとしない」人々の特徴として、「他人の欠点を責めることによってその言い逃れをしようとする」点を挙げている（同書）。

これは、第1章事例10で取り上げた常に責任を他人に転嫁する人に認められる特徴にほかならない。責任転嫁の達人が順調に出世すると、トラブルが発生するたびに責任を部下に平然と押しつけ、あたかも他人事《ひとごと》のような顔をすることも少なくない。このような厚顔無恥なふるまいができるのは、自分自身の罪深さに目を向けようとしないからだろう。

注目すべきは、「ゲミュートローゼ」の「本質特徴」としてシュナイダーが「改善の不能性」を挙げていることだ（『精神病質人格』）。「かかる人間は教化矯正し難い」とまで述べている（『臨床精神病理学序説』）。「ゲミュートローゼ」を教育や治療によって改善するのは難しいので、法的に許される範囲で隔離するしかないという悲観的な見方をシュナイダーはしていたようだ。

「ゲミュートローゼ」は、あなたの職場にも潜んでいるかもしれない。しかも、鋼《はがね》のごとき意志の持ち主で、他人の屍を超えて進むこともいとわないため、出世して権力や影響力を行使できる役職に就いていることも決してまれではない。シュナイダーが見抜いたように、「かかる人間」を変えるのは至難の業ということを忘れてはならない。

背景にある構造的要因

このように職場を腐らせる人を変えるのはきわめて難しい。しかも、自分が悪いとは絶対に思わず、自己正当化に終始する思考回路に拍車をかけるような構造的要因が現在の日本社会にはいくつもある。その最たるものとして、次の三つを挙げておきたい。

①平等幻想
②渦巻く不満と怒り
③「自己愛過剰社会」

①平等幻想

まず、戦後の民主的な社会で驚異的な経済成長を成し遂げ、一時的にせよ「一億総中流社会」を実現した日本では、平等幻想が浸透したが、その後格差が拡大するにつれて、この幻想を持ち続けるのはきわめて困難になった。もはや風前の灯《ともしび》といっても過言ではない。

皮肉なことに、戦後の民主的な教育によって「みんな平等」とわれわれが教え込まれ、平等幻想が浸透したからこそ、ちょっとした差に敏感になったという側面も否定できない。

この点を指摘したのは、19世紀のフランスの思想家、アレクシ・ド・トクヴィルである。トクヴィルは１８０５年生まれだが、彼の両親は貴族だったので、フランス革命が１

789年に勃発したときギロチンで処刑されそうになったという。そういう家庭環境もあって、20代でアメリカに渡り、精力的に現地の社会を見て回って書き上げたのが『アメリカのデモクラシー』だ。

この著書で、トクヴィルは次のように述べている。

「私が考えたところでは、平等が人々に約束する幸福を予告しようとする人はたくさんいるであろうが、それがいかなる危険に人々をさらすか、これをあえて早くから指摘しようとするものはほとんどいないであろう。私が目を向けたのはだから主としてそうした危険であり、これをはっきりと見出したとき、臆《おく》して口を噤《つぐ》むことはしなかった」

さすがに先見の明があったと思う。たしかに、「みんな平等」という考え方が浸透するほど、「同じ人間なのに、なぜこんなに違うのか」という思いにさいなまれ、歯ぎしりせずにはいられなくなる。また、「あいつはあんなに恵まれているのに、なぜ自分はこんな目に遭わなければならないのか」と怒りを覚えることもあるはずだ。それをトクヴィルは200年も前に見抜いていた。

歯ぎしりも、怒りも、「みんな平等」という考え方が浸透し、他人と自分の間に残る違いにより敏感になったことによって一層激しくなった。江戸時代のように歴然たる身分の差があった時代なら、違いがあってもそれほど気にならなかった。いや、より正確には、あきらめるしかなく、気にしていられなかったというべきだろう。

ところが、平等化が進むにつれて、ちょっとした違いに敏感になる。もともと別の世界の「違う人間」だと思えば、違いがあっても腹が立たなかったが、現代のわれわれは「同じ人間」だということを刷り込まれているので、あきらめきれない。だから、少しでも違いがあると許せない。

とくに、日本は「一億総中流社会」をかつて築き上げたことがあり、その頃に浸透した「みんな平等」という意識がいまだに根強く残っている。もちろん、それ自体は悪いことではない。だが、最近は必ずしも「みんな平等」とはいえない現実を思い知らされる機会が増えているにもかかわらず、平等幻想だけが漂っているので、「平等なはずなのに、なぜこんなに違うのか」と不満を抱かずにはいられない。

こうした不満は、羨望を生み出しやすい。だから、羨望で胸がヒリヒリするような思いをしながら、羨望の対象が転げ落ちるのを今か今かと待ち構えている。ところが、なかなかそうならないので、待ちきれなくなる。そこで、しびれを切らして、羨望の対象を少しでも不幸にするために不和の種をまいたり根も葉もない噂を流したりするのだ。

とりわけ、自身を過大評価していて、「自分はこんなに優秀なのに、能力を正当に評価してもらえない」「自分はこんなに頑張っているのに、努力をちゃんと認めてもらえない」

などと承認欲求をこじらせている人ほど、「平等なはずなのに、なぜこんなに違うのか」と不満を募らせやすい。羨望の対象が周囲から認められ、高く評価されているのは、元々の能力に加えて本人の努力のたまものだったとしても、そういうことは目に入らないのか、不公平だと不平を漏らす。

このような不満を抱えていると、「努力しても報われない」「頑張ってもはい上がれない」などと思い込み、地道な努力をコツコツと積み重ねようとはしない。努力もせず、不平ばかり漏らしていたら、承認欲求が満たされるわけがない。だから、ますます腐ってしまう。そうなると、陰で他人の足を引っ張るようなふるまいを繰り返すわけで、こうした悪循環に陥ったら、なかなか抜け出せない。

②渦巻く不満と怒り

しかも、誰もが不満と怒りを募らせているのが現在の日本社会である。なかには、強い被害者意識を抱いている人も少なくないが、その背景には、わが国が「貧乏国」になったことがあるように見える。実際、バブル崩壊から約30年間ほぼゼロ成長が続いた結果、中間層の所得が大幅に落ち込んでいる。

中間層の定義はさまざまだが、日本の全世帯の所得分布の真ん中である中央値の前後、全体の約6割から7割にあたる層を所得中間層とした場合、「2022年7月に内閣府が発表したデータでは、1994年に505万円だった中央値が2019年には374万円。25年間で実に約130万円も減っているのだ」（『中流危機』）。かつてほど中間層が稼げなくなっていることがわかるが、これは「企業が稼げなくなると、賃金が上がらず、消費が落ち込む。すると企業はさらに稼げなくなり、賃金も一層上がらない」という〝負のスパイラル〟が長年続いてきたせいだろう（同書）。

この〝負のスパイラル〟による日本の衰退は、最近になって突然始まったわけではなく、「20年、30年の期間にわたって進行してきたものだ」。その基本的な原因は、「高度成長という成功体験のために経済・社会構造が固定化し、それを変えることができなかった」ことにある（『プア・ジャパン――気がつけば「貧困大国」』）。根本的な原因が日本社会の基本的な構造にある以上、問題の解決は一朝一夕にはできない。

おまけに、2020年からコロナ禍に見舞われ、休業や失業に直面した従業員もいたし、廃業や倒産に追い込まれた事業所もある。収入が激減した人も少なくないはずだ。コロナ禍からやっと抜け出せるかと思ったら、今度はロシアのウクライナ侵攻と円安の影響で、電気代やガス代、ガソリン代や食料品代などが高騰し、物価高によって実質所得が下がる事態になった。

こういう状況では、喪失不安が強まるのも、不満と怒りが渦巻くのも当然だろう。怒りは、排泄物と同じで、どこかで出さないと腹の中にどんどん溜まっていき、心身の不調につながることもある。しかも、古代ローマの哲学者、セネカが指摘したように「怒りが楽しむのは他人《ひと》の苦しみ」であり、「怒りは不幸にするるのを欲する」(『怒りについて 他二篇』)。

だから、胸中に怒りが渦巻いているほど、「他人の苦しみ」を見たくてたまらず、あの手この手で他人を引きずりおろそうとする。もっとも、わかりやすい形でやると、恨まれるかもしれないし仕返しされるかもしれない。そこで、自己保身のために、第1章事例13で取り上げた「パッシブ・アグレッション」の形でこそこそと怒りを発散するわけである。

厄介なことに、被害者意識が強いほど、こうしたふるまいを正当化する。先ほど、〈例外者〉特有の「もう十分に苦しんできたし、不自由な思いをしてきた」という認識に触れたが、〈例外者〉ほど極端なわけではないにせよ、「自分はずっと割を食ってきた」と思っている人はどこの職場にもいる。この手の人は、「自分はもう十分つらい思いをしたのだから、少々のことをしても許される」「自分は今まで損ばかりしてきたのだから、その分を取り戻すためにこれくらいのことはしてもいいはず」などと自己正当化する。

こうした被害者意識にどこまで根拠があるのか、疑問だ。だが、経済的に苦しい状況で、今よりもさらに落ちぶれるのではないかという喪失不安を抱えていると、割を食っていると感じやすいだろうとは思う。

根底に被害者意識が潜んでいるにせよ、いないにせよ、不満と怒りが強いと、鬱憤晴らしをせずにはいられない。その典型が、第1章事例6で紹介した八つ当たり屋であり、「置き換え」のメカニズムが働いている。

八つ当たり屋に限らず、事例の多くに鬱憤晴らしの側面があることは否定しがたい。不和の種をまいても、他人の秘密をばらしても、その場にいない人の悪口を言っても、必ずしも自分が得をするわけではない。にもかかわらず、そんなことをするのは、ターゲットが困惑し、ときには心身に不調をきたすのを見ると溜飲が下がるからだろう。だからこそ、「他人の苦しみ」を見るために時間とエネルギーを費やし、さまざまな手口を駆使する。

裏返せば、それだけ不満と怒りを溜め込んでいるともいえる。うがった見方をすれば、他人が少しでも不幸になるのを見ることくらいしか鬱憤晴らしの手段がないのかもしれない。まさに「他人の不幸は蜜の味」という言葉通りで、なかには残酷な快感を覚える人もいる。

③「自己愛過剰社会」

現在の日本社会では、「自己愛過剰社会」と呼べるほど強い自己愛の持ち主が増えていることも大きい。

もちろん、これは日本だけの現象ではない。むしろ、アメリカのほうが強い自己愛の持ち主が多い。そのためか、強すぎる自己愛はアメリカの宿痾《しゅくあ》と指摘する声もあり、『自己愛過剰社会』という本が出版されているほどだ。

アメリカがこのような社会になったのは、「自尊心をもち、自己表現や『自分を好きになること』ができる社会を築こうとするうちに、アメリカ人はうかつにも大勢のナルシシストを生み、さらに誰もが彼らに似た振る舞いをする文化を築いてしまった」からである（『自己愛過剰社会』）。

これは他人事ではない。アメリカをお手本に自由で民主的な消費社会を築こうとした日本にもそのまま当てはまる。自尊心も、自己表現も、「自分を好きになること」も、日本の教育が現在目指しているものにほかならない。そういう教育がアメリカと同様に大勢のナルシシストを生み出す結果を招いても、不思議ではない。

現在の教育において何が一番問題かといえば、「甘やかし、褒めすぎる親たち」が多いことだろう。子どもの欲求を最優先するあまり、子どもがほしがるものを何でも与えるようになった。また、褒めて育てることが推奨されているのは、「褒めてやれば自尊心が高くなり、ひいては成功につながると信じている。また、褒めれば成績が上がる、褒めれば褒めるほど能力が伸びると思い込んでいる」からだろう（同書）。

もちろん、子どもの頑張りを認めず、叱ってばかりいるのがいいとは思わない。だが、実際にはできていないのに、それをきちんと指摘せず、褒めてばかりいるのは、いかがなものか。このような教育は、実際には大したことがなく、むしろ本当はダメなのに自分をすばらしいとかすごいとか思い込むナルシストを生み出しやすい。その典型のように見えるのが、第1章事例8で紹介した20代の男性行員で、高学歴なのに仕事ができず、承認欲求をこじらせているため、常に「自分はこんなにすごいんだぞ」とアピールし、相手を見下さずにはいられない。

このタイプは、うまくいかないことがあっても、自分がダメだからとは決して思わない。いや、思いたくない。なぜかといえば、自己愛が傷つくからだ。そこで、他人に責任転嫁して、被害者面をする。あるいは、うまくいっている人を見ると強い羨望を覚え、誹謗中傷したり、引きずりおろそうとしたりする。

しかも、強い自己愛の持ち主ほど、自分は特別扱いされて当然と思い込む。つまり、特権意識が強くなるわけで、これはさまざまな形で表れる。たとえば、職場に対しては、「仕事量は少なく報酬は多く」という希望を抱く（同書）。

同じような希望を誰でも抱くはずだが、同時にそんなことが許されるはずがないことも社会人であればわかっている。いや、わかっていないと困る。誰かが特別扱いされて仕事量が減れば、その分、仕事量も労働時間も増えて不当な目に遭う人が必ずいるのだから。ところが、特権意識が強いと、自分だけは「我慢も努力もお断わり」と言っても許されると勘違いする（同書）。

その典型が、第1章事例3で紹介した言われたことしかしない若手社員だろう。彼らはコスパ意識が高く、〝働き損〟を極力回避しようとするが、その根底には「我慢も努力もお断わり」という姿勢が潜んでいるように見える。まさに「自己愛過剰社会」の申し子といえる。

こういう姿勢を周囲が大目に見て許してくれるとは到底思えない。本人が経営者の親族とか、よほど経営に余裕があるとかいう特殊な事情があれば別だが、普通は許されない。もし、そんな姿勢を許していたら、多くの企業は早晩つぶれるだろう。

しかし、「自己愛過剰社会」で育ち、自身を過大評価していると、自分の認識が周囲とずれていても気づかない。むしろ、「自分の希望を認めてくれない周囲のほうが悪い」と思い込みやすく、強い怒りを覚える。その怒りから生まれた復讐願望が職場を腐らせる言動につながることも少なくない。

このように、職場を腐らせる人を変えるのは至難の業であり、しかもその背景に潜む構造的要因が拍車をかけている。だから、自分が他人を傷つけたり、周囲に迷惑をかけたりしているという自覚が本人にないこともままある。

私がメンタルヘルスの相談に乗っている企業では、だいたい全員と面談するのだが、周囲から「あの人のことで困っているんです」「あの人どうにかできないでしょうか」といった相談を持ちかけられる人に限って、当の本人は「何にも問題はありません」「悩んでいることはありません」などと答えることが多く、唖然とする。

そもそも、「三つ子の魂百まで」ということわざもあるように、人間の性格は遅くとも18歳を過ぎると本質的には変わらない。精神科医としての長年の臨床経験から私は、17世紀のフランスの名門貴族、ラ・ロシュフコーの「狂気を癒す方法は見つかるが、根性曲がりを矯正する方法はまったく見つからない」という言葉を座右の銘にしている。

ただ、21世紀の現在、さまざまな「狂気を癒す」薬が開発・販売されているとはいえ、当の本人に病識がなければ服薬には至らない。当然、効果は期待できない。このことを読者の方も肝に銘じておくべきだろう。何よりも自分の身を守るために。

第3章

腐る職場で
どう生きるか

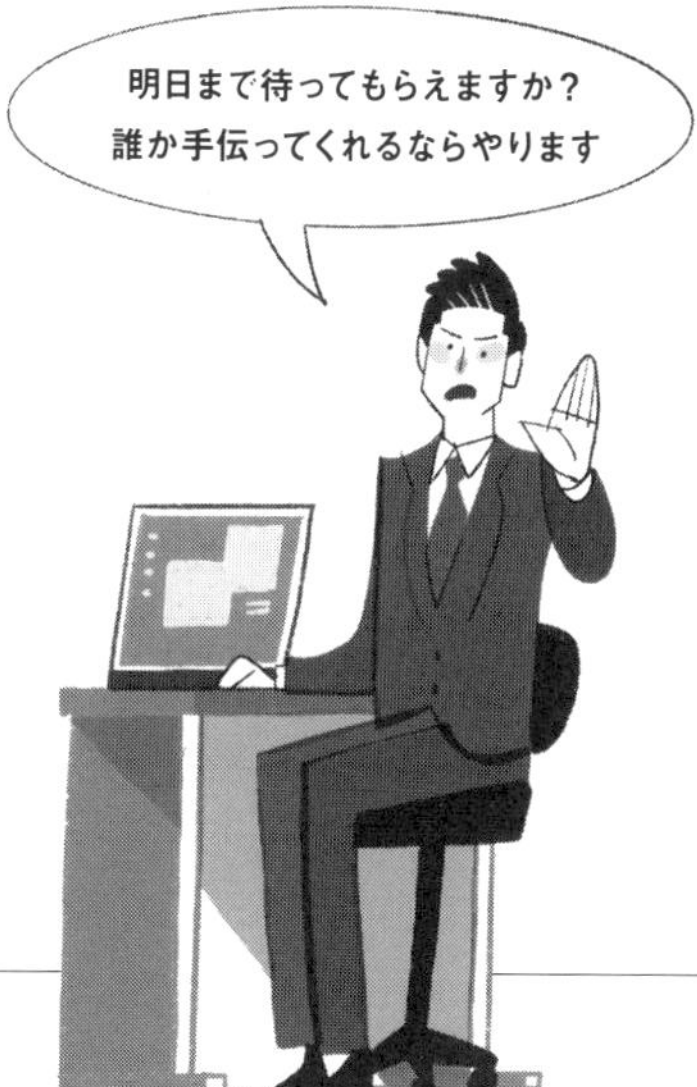
明日まで待ってもらえますか？
誰か手伝ってくれるならやります

第2章で述べたように、職場を腐らせる人を変えるのは至難の業なので、「根気強く言い聞かせれば改心してくれるだろう」「謙譲の美徳をもってすれば反省してくれるだろう」などと期待してはいけない。そういう期待は、願望と現実を混同する幻想的願望充足にほかならない。だから、すぐに捨て去るべきだ。そのうえで、どうすれば実害を少なくできるかを考えるしかない。

まず気づく

職場を腐らせる人に対処するうえで何よりも大切なのは、まず気づくことである。上司や同僚に職場を腐らせる人がいることに気づけないと、その一連の言動によってあなた自身が心身に不調をきたすかもしれない。

よくお目にかかるのは、心身ともにボロボロになってから初めてストレスの原因は一体何だったのだろうかと考えるようになり、「あの人が側《そば》にいるときに限って、調子が悪かった。あの人が職場を腐らせ、私をむしばんでいたのだ」とやっと気づいたという患者さんだ。これでは手遅れになりかねない。だから、わが身を守りたければ、早めに気づくことが何よりも必要だ。

一刻も早く気づくために、職場を腐らせる人がいると、周囲に次のような反応を引き起こしやすいことを認識しておこう。

①重苦しい雰囲気
②不和やもめごと
③心身の不調の増加
④沈滞ムード
⑤疲弊

①重苦しい雰囲気

咳や鼻水が風邪の症状であるのと同様に、重苦しい雰囲気は、職場を腐らせる人がいることを示す重要なサインである。毒のある言葉や周囲を振り回す行動に職場全体が無意識のうちに反応しているのであり、張り詰めた空気が漂い、人間関係もぎくしゃくする。

このような雰囲気に耐えられなくて、もしかしたら自分のせいではないかと罪悪感を覚える方もいるかもしれない。これは、向こうの思う壺である。何でも他人のせいにし、他の誰かが思い悩む姿を見ると快感を覚えるサディズム的心性の持ち主が、職場を腐らせる人には少なくないのだから。

だからこそ、こういう人の手口や、その背景にある心理をきちんと理解しておくことが必要になる。何よりも、あなた自身が振り回されないように、そして、万一ターゲットにされても、ちゃんと抵抗できるように。

②不和やもめごと

不和の種をまく人が典型だが、職場を腐らせる人はしばしば周囲を仲たがいさせて、お互いに離反させようとする。嫉妬や怒りなどをかき立てるのがうまいので、周囲に不和やもめごとが絶えないのは当然の帰結であり、自分の思惑通りになれば、当の本人は己の影響力を実感してほくそ笑む。

しかも、きわめて巧妙に波風を立てるので、不和やもめごとを引き起こしている真犯人が一体誰なのか、周囲はなかなか気づけない。気づくまでに相当時間がかかることが多く、最後まで気づかないことさえある。

たとえ気づいたとしても、周囲がすでに反目し合っていれば、不和やもめごとの元凶に対し、団結して立ち向かう展開にはなりにくい。そのため、種をまいた当の本人は責められることも仕返しされることもなく、のほほんとしていられる。

③心身の不調の増加

職場を腐らせる人がいると、必ずといっていいほど心身に不調をきたす人が増える。不安やイライラなどの精神症状、吐き気や動悸などの身体症状に悩む人が出てくるわけで、なかには医師の診察を受けなければならないほど悪化する人も少なくない。その結果、休職、ときには退職も視野に入れて考えるようになる人もいる。

これは必ずしも偶然とはいえない。職場を腐らせる人の側で毎日毎日毒のある言葉を聞かされたり責任を押しつけられたりしていると、知らず知らずのうちに心身が壊れていくので、自然とそうなるのではないか。また、自分の心身の不調を自覚した時点で、これ以上悪化させないために休職や退職を検討するのも当然の防衛反応だろう。

④沈滞ムード

職場を腐らせる人が一人でもいると、できる人ほど、うんざりして辞めてしまう。だから、能力も意欲もない人が残ることになりやすい。その結果、活気がなくなり、沈滞ムードも漂うようになる。

すると、どうしても、ちょっとしたミスやしくじりが繰り返されやすい。当然、誰もが落ち込んで、やる気を失う。そうなれば、何をやっても失敗するので、責任の押しつけ合いになる。ただ、こういう状況を前にしても、アリストテレスが定義した悪意の持ち主、つまり相手が得をしないように他者の願いの邪魔をする人は、むしろほくそ笑む。

なぜかといえば、周囲に沈滞ムードが漂い、仕事がうまく進まない状況では、他者の欲望が満たされないので、それを見て快感を覚えるからだ。第一、職場に嫌気が差して退職する人が続出すれば、自分の椅子は守られるわけで、結局は自己保身につながる。少なくとも、本人はそう思っているはずだ。沈滞ムードが続けば、いずれは職場自体がなくなる恐れもあるだろうが、そういう先のことは考えないのが他者の願いの邪魔をしたい人の特徴である。

⑤疲弊

職場を腐らせる人が近くにいると、あなた自身が直接ターゲットにされていなくても、エネルギーが枯渇していくように感じるに違いない。当然、他の人も打ちひしがれ、気力がなくなったように感じ、結局みな疲弊していくことになる。

明確な理由がないのに、何となく疲れ果てたと感じたら、周囲を見回すといい。そういうときに限って、誰かが周囲にいないだろうか。もし、いたら、その人が元凶である可能性が高い。もしかしたら、優しい親切そうな顔であなたに近づき、「○○さんが～と言っていた」と耳元でささやくかもしれない。

このような反応が周囲で起きていれば、職場を腐らせる人がいるのではないかと疑うべきである。ここで忘れてはならないのは、こういう人は自己正当化の達人で、自分が悪いとは思わないことだ。もちろん、自分のやったことを振り返り反省するような殊勝な真似などしない。

自分が常に正しくて、いつも間違っているのは他人と思い込んでいることも少なくない。だから、性懲りもなく同じことを繰り返す反復強迫に陥りやすい。これは、職場を腐らせる人の多くに共通して認められる傾向なので、この手の人が周囲にいたら警戒すべきだろう。

見きわめる――自己保身か、悪意か、病気か

職場を腐らせる人の存在に気づいたら、その動機を見きわめなければならない。「なぜ、こんなことを言うのか」「なぜ、そんなことをするのか」と常に問い続けながら、じっくり観察すべきだ。

第2章で述べたように、自己保身、もしくはアリストテレスが定義した悪意がからんで

いることが多い。職場を腐らせる言動が自己保身のためであるほうが、損得を考える理性が働いている分、まだましといえる。悪意がからんでいると、ときには「死なばもろとも」の心境になり、たとえ自分が何かを失っても、ターゲットを蹴落として不幸にしたい一心で暴走しかねない。こういう場合は対処が実に難しい。だから、一体どちらなのかを見きわめることが必要になる。

もう一つの可能性として念頭に置いておかなければならないのは、もしかしたら病気かもしれないということだ。第1章事例4で紹介した完璧主義で細かすぎる人の一人には、精神科の教授から強迫性障害という診断が下されている。また、事例1の根性論を持ち込む上司が軽躁状態に陥っている可能性を指摘したが、この状態は双極性障害(躁うつ病)でしばしば出現する。さらに、ストーカー化する人が恋愛妄想を抱いていることもまれではない。

厄介なのは、いずれの場合も病識をなかなか持てないことだ。とくに、強迫性障害の人の病前性格は真面目で几帳面であることが多いが、これは学校でも職場でも高く評価される資質にほかならない。そのため、ある時期までは成功体験を積み重ねてきており、プライドも高いので、自分が病気とは夢にも思わない。

そもそも、自分が心の病気とは誰だって思いたくないだろう。体の病気ならまだしも、心の病気の場合なかなか受け入れられない。その一因として、いまだに心の病気イコール頭がおかしいという偏見が根強く残っていることがあるかもしれない。

このような偏見の強さを痛感するのは、企業で管理職から「あの社員は病気だと思うので、精神科に行ったほうがいいと思うのですが、それを勧めると、パワハラと騒ぎかねないので、先生から受診を勧めてくださいませんか」と頼まれるときだ。こういう社員に限って、面談の際に質問しても自分には何も問題がないかのような答えが返ってくるので、どう切り出せばいいのか思いあぐねる。

あるいは、勤務先の産業医に勧められてしぶしぶ精神科を受診したと思しき患者が診察室で「私はこんなところ（精神科）に来るような人間ではありません」「私は頭がおかしいわけではありません」などと拒否的な態度を示すこともある。こうした態度の背景には、やはり心の病気イコール頭がおかしいという偏見が潜んでおり、自分が抱えている問題から目をそむけているように見える。

しかも、目の前の現実から目をそむける人は、自分に都合のいいように現実を歪曲して解釈することが多いが、この傾向が強いほど、病識を持ちにくい。だから、周囲から病気の可能性を指摘されても、精神科受診を勧められても、頑として首を縦に振らない。必然的に、診察も治療も受けないまま職場を腐らせるふるまいを続けることになる。

もっとも、こちらが口に出して言うのははばかられるにせよ、病気の可能性も視野に入れておくことは、対処法を考えるうえで非常に有益である。

ターゲットにされやすいのは弱くておとなしい人

先ほど挙げた職場全体の反応だけでも厄介だが、そのうえあなた自身が職場を腐らせる人のターゲットにされたら、それこそ災難である。あれこれケチをつけられたり、八つ当たりされたり、責任を押しつけられたりしたら、ストレスの塊のようになるに違いない。

ここで重要なのは、職場を腐らせる人が必ずターゲットを選んでいることだ。相手によって態度を変える人が典型だが、自分より〝上〟の相手をターゲットにすることはめったにない。自己保身願望が人一倍強いのだから、これは当然といえる。それでは、誰をターゲットにするかといえば、だいたい弱くておとなしい人である。

職場を腐らせる人は、まず弱い相手をターゲットにする。強いとか弱いとかいうのは相対的なものであり、対人関係やその場の状況に応じて変わるのだが、職場ではやはり役職や肩書に応じて決まる。一般に上司のほうが部下よりも強いし、正社員のほうがパートタイマー・アルバイトよりも強い。

また、おとなしい人ほどターゲットにされやすい。おとなしい人は、自己主張も自己防衛も苦手で、されるがままになっていることが多いからだ。それどころか、いい人、優しい人と思われたくて寛大な態度を示すこともあれば、自分が悪いわけでもないのに謝罪して償おうとすることもある。

何よりも、少々理不尽なことをされても、言い返せないし、やり返せない。我慢が足りないと思われたら恥ずかしい、反感を買ったら困る、文句が多い奴と烙印《らくいん》を押されたらとんでもないことになる……などと不安や恐怖にさいなまれ、躊躇《ちゅうちょ》する。どうしよう、どうしようと思い悩みながら、反撃をためらっているうちに、やられっ放しになりかねない。

これは、主として二つの理由による。まず、他人からどう見られるかを人一倍気にする。また、不和やもめごとをできるだけ避けたいという気持ちが強いので、波風を立てるくらいだったら、反論も抗議もせず、黙ったままでいたほうが無難と考える。

一方、職場を腐らせる人は、不和やもめごとを巧妙に巻き起こす達人である。したがって、おとなしい人が、波風を立てないようにしようといくら努力しても、次から次へと問題が生じてくる。その結果、疲れ果てて、エネルギーが枯渇していき、職場を腐らせる人の思惑通りに操られる羽目になりやすい。

断れない三つの理由

弱くておとなしい人がターゲットにされやすい一因として、なかなか断れないこともあるだろう。たとえば、上司から「君の将来を思って」「お前のため」といった殺し文句で過大なノルマを押しつけられても、ときには不正に手を染めてでもノルマを達成すべきだとほのめかされても、断れない。あるいは、好きでもなく、交際する気も微塵もない異性から押しつけがましくプレゼントを手渡されても、断れない。こういう人は絶好のカモに違いない。

なぜ断れないのか？　その理由として、権威への恐怖、罪悪感、承認欲求という三つの要因が挙げられる。

権威への恐怖というと大仰《おおぎょう》に聞こえるかもしれないが、平たくいえば自分より強い相手を前にして縮こまってしまう感じである。怖いお父さんに怒鳴られ、身動きできなくなっているような子どもを思い浮かべていただきたい。成長してからも、教師や上司などの〝偉い人〟を前にすると畏縮してしまう経験は誰にでもあるはずで、そういうときに恐れ入って小さくなる人ほど、断れない。「わがままと思われるのではないか」「恩知らずとののしられるのではないか」などと恐怖にさいなまれるからだ。

また、職場を腐らせる人は往々にして責任転嫁の達人であり、非が相手にあることを認めさせようとして、巧妙に罪悪感をかき立てる。一方、自信のない人ほど、必ずしも自分に落ち度があるわけではないのに、責任転嫁の達人を前にすると「自分のせいではないか」と罪悪感を覚えやすい。そのため、双方が共鳴し合って、罪悪感が何倍にも増幅されることもまれではない。

こうした罪悪感は、さまざまな影響を及ぼす。何よりも深刻なのは、自己肯定感を低下させ、自己主張を妨げることだ。その結果、能力を充分に発揮できず、自発的な選択や行動ができなくなることさえある。

当然、何をやってもうまくいかないが、これは職場を腐らせる人にとっては思う壺だろう。そっと忍び寄り、劣等感をチクチクとつつきながら罪悪感を一層刺激する。その結果、ターゲットはさらに自己肯定感が低下し、「自分はダメだ」という思いにさいなまれる。ときには、埋め合わせをしなければならないという強迫観念にとらわれて、言いなりになりかねない。

おまけに、断れない人が強い承認欲求の持ち主であることも少なくない。もちろん、他人に認められたい欲求が努力の原動力になることは否定できないし、職場という組織で仕事をしていくうえで、他人の評価や意見に耳を傾けることも必要だ。他人の目に自分の姿がどのように映っているのかを知ることによって初めて、自分が周囲の期待に応えているか、どうかがわかるのだから、他人の評価を完全に無視するわけにはいかない。

しかし、なかには、他人からどう見られているかを気にするあまり、他人の評価が唯一の判断基準になっている人さえいる。他人の評価に耳を傾けすぎると、それに合わせようとして振り回され、次のような悪循環に陥りやすい。

①他人が自分についてどう言っているかを気にするほど、自分の判断に自信を持てなくなる。
②自分の判断に自信がなくなるほど、自分の価値について不安になるので、他人から認められたい欲求が強くなる。
③他人に認められたい欲求が強くなるほど、気に入られるようにしようとするので、他人の評価をますます気にするようになる。その結果、何をするにも他人の評価に依存し、顔色をうかがわずにはいられない。

断れない理由が、権威への恐怖にしろ、罪悪感にしろ、承認欲求にしろ、職場を腐らせる人はいずれかをつつく。何らかの権威をちらつかせることもあれば、罪悪感をかき立てることもあるだろう。あるいは、自分の要求を受け入れなければ、あなたの評価が下がることになると暗に脅すかもしれない。

厄介なことに、一度受け入れてもらって味をしめると、次から要求をさらにエスカレートさせるのが職場を腐らせる人の常套手段である。だから、必要な場合には、拒否の意思を伝える勇気を持たなければならない。きちんと断るのは、わがままでも何でもなく、健全な自己主張の一環であり、生きてゆくため、何よりもわが身を守るために不可欠なのだから。

ターゲットにされやすい人のその他の特徴

怖いのは、職場を腐らせる人はターゲットを嗅ぎ分ける嗅覚が非常に鋭いことだ。当然、誰でもターゲットにするわけではなく、格好の相手を探す。ターゲットにされやすいのは、弱くておとなしく、なかなか断れない人だけではない。次のような特徴が認められる人も狙われやすい。

①他人の話を真に受ける

他人の話を真に受けて信じやすい人は、よくいえば疑うことを知らず、素直で純真なのだろうが、その分カモになりやすい。その最大の原因は、相手の真意を見抜けない点にある。秘められた悪意を見破れないと、ターゲットにされるだろう。

②経験不足

職場を腐らせる人が心の奥底に秘めている悪意を見抜くには、ある程度場数を踏んで観察眼を養うしかない。そういう経験を積む機会がなかった人、あるいは痛い目を見たのに、その経験から学習しなかった人ほどターゲットにされやすい。

③何となくおかしいという直感に蓋

何となくおかしいという直感に蓋をする人も、狙われやすい。何となくおかしいと感じるのは、防衛本能が働いて警告サインを発するからなのだが、にもかかわらず、それを無視して「そんなはずはない」と否認しようとする。

これは主に二つの理由による。怠惰、そして目の前の現実に直面することへの恐怖である。自分では何もせずにいても、やがて状況が変わっておかしいとは感じなくなるだろうと勝手に期待している。これは幻想的願望充足以外の何物でもない。

また、誰かがあなたに悪意を抱いていることを認めたくない気持ちはよくわかる。だが、職場を腐らせる人はプライドが高く、自身を過大評価しており、承認欲求をこじらせていることが多いので、羨望や嫉妬を募らせやすい。だから、あなたに非がなくても、向こうが勝手に悪意を抱き、あなたの邪魔をしようと陰で画策することもある。そういう現実から目をそむけないようにしよう。

④他人を喜ばせたい願望が強い

他人を喜ばせたい願望が人一倍強い人は、相手が何を望んでいるのか、どうすれば相手が喜ぶのかを第一に考える。常に他者の欲望を満たそうとするのだから、職場を腐らせる人にとってこれほど都合のいい人間はいないだろう。上司に都合のいい部下として利用され、責任を押しつけられることも少なくない。

⑤自信がない

他者の欲望を満たそうとするのは、周囲から認められ、ほめられることによってしか自己確認できないからという見方もできる。もっと厳しい見方をすれば、自信がなく自己肯定感を持てないからこそ、認められ、ほめられることを人一倍希求するともいえる。そこに巧妙につけ込むのが職場を腐らせる人であり、自信がなく自己肯定感を持てない人ほどターゲットにされやすい。

⑥他力本願

他力本願の人もターゲットになりやすい。理由は簡単だ。職場を腐らせる人は口がうまく、エサで釣るのも得意なので、不満を募らせるだけで現状を改善するための努力を自分では何一つしない人に近づき、いろいろ吹き込んで、現状を好転させられるかのような幻想を与えるからである。

⑦波風を立てたくない

波風を立てたくない願望が人一倍強いと、理不尽な仕打ちを受けても、責任をなすりつけられても、自分で声をあげることも行動を起こすこともしない。こういう人は、職場を腐らせる人からすれば格好のターゲットで、「扱いやすい奴」と思われてますます理不尽な要求をされる恐れも十分考えられる。

⑧孤立している

ある人がいかに毒をまき散らしているか、その言動がどれほど世間一般の常識から逸脱しているかに気づくには、やはり信頼できる誰かに相談する必要がある。相談相手から

「それはひどい」「理不尽すぎる」といった感想が返ってきて、やっと気づくことも少なくない。裏返せば、相談できる相手がいなくて、孤立していると、なかなか気づきにくいということだ。

また、あなたが職場を腐らせる人に利用されたり、振り回されたりしていても、そのことを指摘する人も注意する人も周囲にいなければ、向こうのやりたい放題になりやすい。だからこそというべきか、孤立した状況に置かれている人を目ざとく見つけて、職場を腐らせる人は近づいてくる。

このうち三つ以上あてはまれば、職場を腐らせる人のターゲットにされる恐れがあるので、要注意だ。五つ以上あてはまれば、その可能性がかなり高いので、職場を腐らせる人の存在に早めに気づき、できる限り距離を置くようにすべきだろう。

ターゲットにされないために

わが身を守るためには、できるだけ職場を腐らせる人のターゲットにならないように気をつけなければならない。そのためには、ターゲットにされやすい人とは正反対のタイプになるしかない。

とはいえ、現実的には難しい面もある。弱くておとなしい人に「強くなれ」「自己主張しろ」と口を酸っぱくして言っても、すぐに変われるわけではない。本人がいくら努力しても、元々の性格を変えるのは難しいからだ。また、自己肯定感が低く、自信がない人に「自信をつけろ」と助言しても、すぐに自信がつくわけではない。日々、本人が努力を積み重ね、それが実って周囲から認められれば、ある程度は自信がつくかもしれないが、それまでには相当な時間がかかるに違いない。

断る練習――「部分交渉」から始めよう

それに対して、断る練習をしたり、断る技術を身につけたりすることは、今すぐにでも始められる。

もっとも、そのためには、断ることによって生じる波風への恐れを克服しなければならない。断れない人には、この波風を恐れるがゆえに戦うことから逃げているようなところがある。そういう人に「波風を恐れず、戦いなさい」と助言しても、すぐに実践できるわけではないだろう。そこでお勧めするのが「ちょっとだけ戦う」手である。戦うという言葉が強すぎるようなら、「ちょっとだけ交渉する」、つまり「部分交渉」といってもいい。

たとえば、上司から厄介な仕事を体よく押しつけられそうな場合。これまでは「○○さん、この仕事お願いね」と言われると、「はい」とそのまま引き受けるしかなく、せいぜい陰で「この忙しいときに、こんな仕事までできないよ」と愚痴をこぼすくらいしかできなかった方が多そうだ。

そこをちょっと変えることが断る練習の第一歩になる。これからは「今ちょっと忙しいので、明日まで待ってもらえますか」と時間的な交渉を一つ加えるのだ。もしくは、「今、別の案件を抱えていて、全部はできないので、この部分だけでもいいですか」「□□さんがここをやってくれるなら、残りはやります」といった条件を提示して、ちょっとだけ交渉する手もある。

あるいは、上司から過大なノルマを押しつけられそうな場合も、「そこまでの数字は無理ですが、ここまでならやれるかもしれません」「一人では無理ですが、誰か手伝ってくれるのならやってみます」といった言い方で「部分交渉」する。

すべてを断るわけではなく、交渉して一部を断る練習を積み重ねていけば、交渉力が身につくはずだ。そうなれば、さまざまな場面で応用できて、少しずつ自分の主張を伝えながら、上手に言い返せるようになるだろう。

すると、向こうも、それまでは「こいつは自分の言いなりになる」と思い、何でもかんでも押しつけようと画策していたとしても、その印象を改めざるを得なくなる。そうなれば、しめたものだ。確実に実害を減らせるのだから。

要は、職場を腐らせる人に対しては、こちらがちょっと面倒くさい奴になることだ。面倒くさい奴と思わせることに成功すれば、職場を腐らせる人はあなたを敬遠するだろうから、〝虫除け〟として役に立つ。一度試してみる価値はあるはずだ。

意地悪なまなざし

先ほど挙げた八つの特徴をいくつも持ち合わせている方は、それを自覚して、少しでも変えようとすることによって、実害を少なくできる。

とくに、経験不足で、他人の話を真に受ける方は、いい意味でも悪い意味でも素直で純粋なのだが、職場を腐らせる人に立ち向かうには、それではやっていけない。わが身を守るためには、意地悪なまなざしで見つめ、何でも疑ってかかることも、ときには必要だ。

たとえば、先輩や同僚があなたに何かを教えてくれたとしよう。そういう場合、素直で純粋な人は、「私のことを思って教えてくれたんだ」「貴重な時間を使って、私が仕事をしやすいようにしてくれたんだ」と思うのだろうが、同時に「私に教えると、どんなメリットがあるのだろう」「何のために、私に教えてくれたのだろう」と、ちょっと意地悪な見方をしながら、その真意を疑ってみてはどうか。

すると、「この人は教えることで、自分のほうが〝上〟だと言いたいんだな」「自分の知識や経験をひけらかしたいタイプで、承認欲求も自己愛も強いのかもしれない」「私に仕事を丸投げすれば、自分が楽できると思っているのかもしれない」といった答えが脳裏に浮かんでくるだろう。

もちろん、こちらが勝手に想像しているだけで、すべて真実とは限らない。だが、たとえ間違っていても、心の中でいろいろ思いめぐらすだけなら、問題を起こすことも波風を立てることもないだろう。大切なのは、物事を常に斜めから見て、相手の裏を探る練習を積み重ねていくことだ。

このような練習が必要なのは、「あなたのため」「君のため」などとことさら強調して、さも相手のことを考えているかのようにふるまう人ほど、実は相手を自分の思い通りに操作したいという欲望を秘めているからだ。

職場を腐らせる人の動機として多いのは自己保身か悪意なので、痛い目を見たくなければ、性善説を捨てるべきである。〝いい人〟のように見える人の胸中にもどす黒い欲望が潜んでいるかもしれない。この残酷な現実から目をそむけてはならない。

意地悪なまなざしで相手を観察するには、「裏にどんな思惑が隠れているのか」を常に問い続けるといい。口先では、きれい事を並べていても、実は自分のことしか考えておらず、裏で悪口を吹聴したり、足を引っ張ったりする輩《やから》は掃いて捨てるほどいる。そういう人に蹴落とされないためにも、常に意地悪なまなざしを持ち、裏を読むことが必要だ。

できるだけ避ける

ある人が職場を腐らせる人だと気づいたら、最良の解決策は、できるだけ避けることである。第2章で述べたように、職場を腐らせる人を変えるのが至難の業である以上、これは当然といえる。

たとえば、同じ職場で働いている場合、勤務の時間帯を変更するとか、向こうがよく行く場所には足を向けないようにするとかして、なるべく顔を合わせないようにする。場合によっては、異動や転勤を申し出るという選択肢だってあるかもしれない。

そこまでするかと思われるかもしれないが、職場を腐らせる人は、あれこれケチをつけたり、その場にいない人の悪口を言ったりして、重苦しい雰囲気を醸成し、不和やもめごとを引き起こす達人なので、避けるのが最も賢明だ。

もっとも、顔を合わせないようにしようとしても、そうはいかない場合もあるだろう。異動も転勤もできないとか、生活がかかっていて退職もできないとかいう場合、同じ職場でずっと働き続けなければならない。

そういう場合は、できるだけ話さないようにするしかない。ただし、表面上は、礼儀正しくしておくべきである。天気や暑さ寒さなどの当たり障りのない話題にとどめておいて、深入りしないことだ。

間違っても、あなたの私生活や心配事などを話してはいけない。というのも、あなたがつい話してしまった内容を、職場を腐らせる人は、都合のいいように解釈したり脚色したりして、言いふらしかねないからである。

できるだけ避け、話さないようにすることをためらう方も少なくないだろう。そういうやり方は、逃避であり、「逃げたら負け」「逃げるなんて、臆病者のすることだ」などと思う方もいるに違いない。しかし、職場を腐らせる人から逃げなければ、心身がボロボロになることもあれば、自殺に追い込まれることもある。

だから、最終的には、職場を腐らせる人がいるところから撤退する、つまり辞める決断をすることも必要になるかもしれない。こうした決断を容易にするために、今後は雇用の流動性を高め、横の移動をしやすくすることが求められる。

ときにはやり返すことも必要

恐ろしいことに、職場を腐らせる人は、ターゲットが抵抗も反撃もしないのは、弱くて、恐怖を抱いているからだと受け止め、相手の平和主義や無抵抗の上にあぐらをかいて、平気で傷つけたり痛めつけたりする。

そこで、ときには、やり返せるんだぞと見せつけることが必要になる。うまく避けることができず、黙ったまま耐えているうちに、「反撃しなかったら、あいつに自分の人生をめちゃくちゃにされてしまう」とか「このままでは、自分がボロボロに壊されてしまう」とか思い知らされたようなときは、そうするしかない。

問題は、やり方である。あまりにも攻撃的な手法だと、仕返しされるかもしれないし、周囲の反感を買うかもしれない。かといって、穏便な手法では、職場を腐らせる人に歯止めをかけられないだろう。

そこでお勧めするのが、ユーモアのセンスを発揮して黙らせる手法である。できれば、職場の仲間の見ている前で。

「ユーモアは人類の最高の宝物だ」という名言を残したのは、『トム・ソーヤーの冒険』で有名なアメリカの作家、マーク・トウェインだが、たしかにユーモアによって気分が軽くなり、深刻な事態に対処できるようになることは少なくない。だから、これを使わない手はない。

たとえば、営業職の男性は、朝礼の際にコスト意識を持つようにうるさく言う上司からターゲットにされ、毎回経費がかかりすぎだと名指しで非難されていた。そのせいで、毎朝胃が痛くなっていたし、ちょうど大きな契約が取れて自信がついたところだったこともあって、ある日、

「コスト、コストとおっしゃいますが、そのために社員が畏縮して、モチベーションが下がってしまったら、そのほうがコストが高くつくんじゃないですか」

と言ってみた。

上司は唖然とし、周囲はどっと笑った。もちろん、ただではすまなかった。この男性は僻地の営業所に飛ばされた。それでも、そこで業績をぐんと伸ばして、数年後に本社の管理職として返り咲いたという。

こういう手法には誰だって頼りたくないし、誰にでもできるわけではない。ただ、そうせざるを得ない場合もある。職場を腐らせる人に気に入られなくてもいい、場合によっては嫌われてもいいくらいの相当な覚悟が要る。その覚悟を持つためには、職場を腐らせる人に依存しなくてもやっていけるだけの力をつけておくことが必要なのは、いうまでもない。

おわりに

２０２３年の最も衝撃的な出来事といえば、イスラム主義組織ハマスによるイスラエルへの越境攻撃に端を発した戦闘だろう。イスラエルもハマスも徹底抗戦の構えを崩さないため、犠牲者の増加に歯止めがかからず、ガザ地区はがれきの山になった。

２０２２年に始まったロシアによるウクライナ侵攻も泥沼化の様相を呈しており、われわれ人類が21世紀になっても戦争をやめられないのは一体なぜなのかという疑問を抱かずにはいられなかった。

そこで手に取ったのが、物理学者のアインシュタインと精神分析家のフロイトの往復書簡『ひとはなぜ戦争をするのか』である。この往復書簡は、１９３２年に国際連盟からアインシュタインが「今の文明においてもっとも大事だと思われる事柄を、いちばん意見を交換したい相手と書簡を交わしてください」と依頼され、相手としてフロイトを選んだことによって始まった。

アインシュタインは「人間を戦争というくびきから解き放つことはできるのか？」というテーマを選び、フロイトに問いかけた。この問いに対して、エロス的欲動と破壊欲動に関する議論を展開した後、フロイトが導き出したのは次のような結論である。

「人間から攻撃的な性質を取り除くなど、できそうにもない！」

身も蓋もない結論で、暗澹《あんたん》たる気持ちになる。これでは答えにならないと思ったのか、フロイトは次のような言葉で結んでいる。

「文化の発展を促せば、戦争の終焉へ向けて歩み出すことができる！」

この言葉をアインシュタインはどのように受け止めたのだろうか。翌1933年、アインシュタインはナチスの脅威にさらされてアメリカに亡命し、第二次世界大戦後にプリンストンで死去。フロイトも、1938年にナチスがオーストリアに侵攻したため、ロンドンに亡命し、翌1939年、癌で他界。

二人ともユダヤ人だったものの、亡命したため、ホロコーストの犠牲にはならずにすんだ。当時から、ユダヤ人国家をパレスチナに建設しようとする「シオニズム」はあったようだが、悲願が達成された後にこのような悲惨な戦闘が繰り返されることを、二人は予想していただろうか。

私は悲観論者《ペシミスト》で、何にでも意地悪なまなざしを向ける癖がついている。だから、フロイトの結びの言葉は幻想的願望充足であり、文化がいくら発展しても、人間から攻撃的な性質を取り除くことは難しいのではないかと思わずにはいられない。もちろん、文化の発展を促すことは必要だが、それによって人間の攻撃的な性質がすべて消えてなくなるわけではないだろう。

これは、戦争のような大きな問題だけでなく、不和やもめごとなどの人間関係をめぐるちょっとした問題に対処する際にも、肝に銘じておくべきことである。

それを忘れず、どうすれば実害を減らせるかを常に考えながら、職場を腐らせる人に対処していただきたい。

本書刊行に際しましては、講談社現代新書編集部の佐藤慶一さんに大変お世話になりました。深謝いたします。

片田珠美

参考文献

NHKスペシャル取材班『中流危機』講談社現代新書、2023年
加谷珪一『貧乏国ニッポン――ますます転落する国でどう生きるか』幻冬舎新書、2020年
窪田新之助『農協の闇』講談社現代新書、2022年
野口悠紀雄『プア・ジャパン――気がつけば「貧困大国」』朝日新書、2023年
アルバート・アインシュタイン、ジグムント・フロイト『ひとはなぜ戦争をするのか』浅見昇吾訳、講談社学術文庫、2016年
ジークムント・フロイト「精神分析の作業で確認された二、三の性格類型」（中山元訳『ドストエフスキーと父親殺し／不気味なもの』光文社古典新訳文庫、2011年）
ジークムント・フロイト「レオナルド・ダ・ヴィンチの幼年期のある思い出」（高橋義孝訳『フロイト著作集3 文化・芸術論』人文書院、1969年）
サイモン・マッカーシー＝ジョーンズ『悪意の科学――意地悪な行動はなぜ進化し社会を動かしているのか？』プレシ南日子訳、インターシフト、2023年
M・スコット・ペック『平気でうそをつく人たち――虚偽と邪悪の心理学』森英明訳、草思社、1996年
クルト・シュナイデル『精神病質人格』懸田克躬・鰭崎轍訳、みすず書房、1954年
クルト・シュナイダー『臨床精神病理学序説』西丸四方訳、みすず書房、1977年
セネカ『怒りについて 他二篇』兼利琢也訳、岩波文庫、2008年
トクヴィル『アメリカのデモクラシー』第二巻（上）松本礼二訳、岩波文庫、2008年
ジーン・M・トウェンギ、W・キース・キャンベル『自己愛過剰社会』桃井緑美子訳、河出書房新社、2011年
François de La Rochefoucauld "Maximes et Réflexions diverses" Flammarion, 1999

講談社現代新書　2739

職場《しょくば》を腐《くさ》らせる人《ひと》たち

二〇二四年三月二〇日第一刷発行　二〇二四年一〇月三日第八刷発行

著　者　片田珠美《かただたまみ》

発行者　篠木和久

発行所　株式会社講談社
東京都文京区音羽二丁目一二―二一　郵便番号一一二―八〇〇一
電　話　〇三―五三九五―三五二一　編集（現代新書）
〇三―五三九五―四四一五　販売
〇三―五三九五―三六一五　業務

装幀者　中島英樹／中島デザイン

印刷所　株式会社ＫＰＳプロダクツ

製本所　株式会社国宝社

定価はカバーに表示してあります　Printed in Japan

N.D.C. 360　187p　18cm
ISBN978-4-06-535192-5

イラスト：おかやまたかとし

「講談社現代新書」の刊行にあたって

教養は万人が身をもって養い創造すべきものであって、一部の専門家の占有物として、ただ一方的に人々の手もとに配布され伝達されうるものではありません。

しかし、不幸にしてわが国の現状では、教養の重要な養いとなるべき書物は、ほとんど講壇からの天下りや単なる解説に終始し、知識技術を真剣に希求する青少年・学生・一般民衆の根本的な疑問や興味は、けっして十分に答えられ、解きほぐされ、手引きされることがありません。万人の内奥から発した真正の教養への芽ばえが、こうして放置され、むなしく滅びさる運命にゆだねられているのです。

このことは、中・高校だけで教育をおわる人々の成長をはばんでいるだけでなく、大学に進んだり、インテリと目されたりする人々の精神力の健康さえもむしばみ、わが国の文化の実質をまことに脆弱なものにしています。単なる博識以上の根強い思索力・判断力、および確かな技術にささえられた教養を必要とする日本の将来にとって、これは真剣に憂慮されなければならない事態であるといわなければなりません。

わたしたちの「講談社現代新書」は、この事態の克服を意図して計画されたものです。これによってわたしたちは、講壇からの天下りでもなく、単なる解説書でもない、もっぱら万人の魂に生ずる初発的かつ根本的な問題をとらえ、掘り起こし、手引きし、しかも最新の知識への展望を万人に確立させる書物を、新しく世の中に送り出したいと念願しています。

わたしたちは、創業以来民衆を対象とする啓蒙の仕事に専心してきた講談社にとって、これこそもっともふさわしい課題であり、伝統ある出版社としての義務でもあると考えているのです。

一九六四年四月　野間省一

経済・ビジネス

350 経済学はむずかしくない〈第2版〉──都留重人
1596 失敗を生かす仕事術 畑村洋太郎
1624 企業を高めるブランド戦略──田中洋
1641 ゼロからわかる経済の基本──野口旭
1656 コーチングの技術──菅原裕子
1926 不機嫌な職場──高橋克徳 河合太介 永田稔 渡部幹
1992 経済成長という病──平川克美
1997 日本の雇用──大久保幸夫
2010 日本銀行は信用できるか 岩田規久男
2016 職場は感情で変わる 高橋克徳
2036 決算書はここだけ読め!──前川修満
2064 決算書はここだけ読め! キャッシュ・フロー計算書編 前川修満

2125 ビジネスマンのための「行動観察」入門 松波晴人
2148 経済成長神話の終わり アンドリュー・J・サター 中村起子 訳
2171 経済学の犯罪──佐伯啓思
2178 経済学の思考法──小島寛之
2218 会社を変える分析の力 河本薫
2229 ビジネスをつくる仕事 小林敬幸
2235 20代のための「キャリア」と「仕事」入門──塩野誠
2236 部長の資格──米田巖
2240 会社を変える会議の力 杉野幹人
2242 孤独な日銀──白川浩道
2261 変わった世界 変わらない日本──野口悠紀雄
2267 「失敗」の経済政策史 川北隆雄
2300 世界に冠たる中小企業 黒崎誠

2303 「タレント」の時代──酒井崇男
2307 AIの衝撃──小林雅一
2324 〈税金逃れ〉の衝撃 深見浩一郎
2334 介護ビジネスの罠──長岡美代
2350 仕事の技法──田坂広志
2362 トヨタの強さの秘密 酒井崇男
2371 捨てられる銀行──橋本卓典
2412 楽しく学べる「知財」入門──稲穂健市
2416 日本経済入門──野口悠紀雄
2422 捨てられる銀行2 非産運用──橋本卓典
2423 勇敢な日本経済論──高橋洋一 ぐっちーさん
2425 真説・企業論──中野剛志
2426 東芝解体 電機メーカーが消える日 大西康之

知的生活のヒント

78 大学でいかに学ぶか　増田四郎
86 愛に生きる――鈴木鎮一
240 生きることと考えること　森有正
297 本はどう読むか――清水幾太郎
327 考える技術・書く技術―板坂元
436 知的生活の方法――渡部昇一
553 創造の方法学――高根正昭
587 文章構成法――樺島忠夫
648 働くということ――黒井千次
722 「知」のソフトウェア――立花隆
1027 「からだ」と「ことば」のレッスン――竹内敏晴
1468 国語のできる子どもを育てる――工藤順一
1485 知の編集術――松岡正剛
1517 悪の対話術――福田和也
1563 悪の恋愛術――福田和也
1620 相手に「伝わる」話し方　池上彰
1627 インタビュー術！――永江朗
1679 子どもに教えたくなる算数　栗田哲也
1865 老いるということ――黒井千次
1940 調べる技術・書く技術―野村進
1979 回復力――畑村洋太郎
1981 日本語論理トレーニング――中井浩一
2003 わかりやすく〈伝える〉技術――池上彰
2021 新版　大学生のためのレポート・論文術――小笠原喜康
2027 地アタマを鍛える知的勉強法――齋藤孝
2046 大学生のための知的勉強術――松野弘
2054 〈わかりやすさ〉の勉強法――池上彰
2083 人を動かす文章術――齋藤孝
2103 アイデアを形にして伝える技術――原尻淳一
2124 デザインの教科書――柏木博
2165 エンディングノートのすすめ――本田桂子
2188 学び続ける力――池上彰
2201 野心のすすめ――林真理子
2298 試験に受かる「技術」――吉田たかよし
2332 「超」集中法――野口悠紀雄
2406 幸福の哲学――岸見一郎
2421 牙を研げ　会社を生き抜くための教養　佐藤優
2447 正しい本の読み方　橋爪大三郎